Treinamento de Musculação para a Natação

Dados Internacionais de Catalogação na Publicação (CIP)
(Câmara Brasileira do Livro, SP, Brasil)

Gianoni, Rodrigo Luiz da Silva
  Treinamento de musculação para a natação /
Rodrigo Luiz da Silva Gianoni. -- 1. ed. --
São Paulo : Ícone, 2011.

  ISBN 978-85-274-1162-2

  1. Músculos - Anatomia 2. Força muscular
3. Natação 4. Natação - Treinamento I. Título.

10-13181   CDD-797.21

Índices para catálogo sistemático:

1. Treinamento de musculação para a natação :
      Esporte   797.21

Rodrigo Luiz da Silva Gianoni

TREINAMENTO DE MUSCULAÇÃO PARA A NATAÇÃO

Do Tradicional ao Funcional

1ª edição
Brasil – 2011

© Copyright 2011
Ícone Editora Ltda.

Capa e diagramação
Richard Veiga

Revisão
Juliana Biggi
Marsely De Marco Dantas

Proibida a reprodução total ou parcial desta obra, de qualquer forma ou meio eletrônico, mecânico, inclusive por meio de processos xerográficos, sem permissão expressa do editor (Lei nº 9.610/98).

Todos os direitos reservados para:
ÍCONE EDITORA LTDA.
Rua Anhanguera, 56 – Barra Funda
CEP: 01135-000 – São Paulo/SP
Fone/Fax.: (11) 3392-7771
www.iconeeditora.com.br
iconevendas@iconeeditora.com.br

Folha de Aprovação

A presente obra foi aprovada e sua publicação recomendada pelo conselho editorial na forma atual.

CONSELHO EDITORIAL

Prof. Dr. Antônio Carlos Mansoldo (USP – SP)

Prof. Dr. Jefferson da Silva Novaes (UFRJ – RJ)

Prof. Dr. José Fernandes Filho (UFRJ – RJ)

Prof. Dr. Rodolfo Alkmim M. Nunes (UCB – RJ)

Profa. Dr.ª Luana Ruff do Vale (UFRJ – RJ)

Prof. Dr. Miguel Arruda (UNICAMP – SP)

Prof. Dr. Daniel Alfonso Botero Rosas (PUC – Colômbia)

Prof. Dr. Vitor Machado Reis (UTAD – Portugal)

Prof. Dr. Antônio José Rocha Martins da Silva (UTAD – Portugal)

Prof. Dr. Paulo Moreira da Silva Dantas (UFRN – RN)

Prof. Dr. Fernando Roberto de Oliveira (UFL – MG)

Prof. Dr. André Gomes (UNESA – RJ)

Profa. Dr.ª Cynthia Tibeau (UNIBAN – SP)

PRESIDENTE DO CONSELHO

Prof. M. Sc. Alexandre F. Machado (UNIBAN – SP)

Agradecimento

Agradeço a Deus por me dar todas as condições físicas e intelectuais para a realização desta obra.

Ao meu avô Samuel, em memória.

À Prof². Kety Konda, por seus créditos de confiança e sua imensa ajuda na realização de meus projetos.

Ao Prof. Cauê La Scala Teixeira, por me encorajar a realizar este sonho.

À minha família, especialmente meus pais, Celso e Solange, meu irmão Thiago, tios e "madrinhas", meus primos Diego, Marcos, Cristiane, Maiara e também Ana Clara, nascida há pouco.

Ao Prof. Alberto Bernardo Klar e Gilberto Monteiro, pelos ensinamentos e confiança no meu trabalho.

Aos professores do Complexo Esportivo Rebouças – Santos/SP, Eduardo Leonel, Rodrigo Schmidt, Cláudio Zanin, João, a nutricionista

Renatta Santana, o fisioterapeuta Fabiano Gil, ao amigo Cristhian e aos representantes do Complexo que sempre cederam suas instalações para realização do meu trabalho.

Aos membros da comissão técnica da equipe de voleibol do Santos F.C./FUPES, Emerson Konda, Cleber Miranda, Carlos Mantovanelli, Leonardo Portaleoni, Rafael Iannuzi, e Yara Adegas, por dividirem suas experiências desportivas e por acreditarem no meu trabalho.

A todos meus alunos e atletas.

Rodrigo Luiz da Silva Gianoni

Prefácio

O treinamento de força no esporte vem sendo cada vez mais utilizado como ferramenta para a aquisição do melhor desempenho físico. Diferentes meios e métodos de treinamento de força são propostos na tentativa de aprimoramanto dos detalhes que possam servir como diferencial para a conquista dos melhores resultados.

Nos bastidores da natação ainda existem dúvidas em relação à transferência deste tipo de treinamento, principalmente quando realizado fora d'água (musculação), para o desempenho no nado.

Por isso, este livro tem o propósito de auxiliar no cotidiano de trabalho dos profissionais do exercício, aliando o que a literatura específica oferece de conteúdo à experiência prática do Prof. Rodrigo Gianoni, após anos de preparação física com diversos atletas.

Prof. Cauê V. La Scala Teixeira

O Autor

RODRIGO LUIZ DA SILVA GIANONI

- Graduado em Educação Física pela Universidade Metropolitana de Santos – UNIMES (2003);

- Pós-graduado (*Lato sensu*) em Fisiologia do Exercício pelo CEFE – Centro de Estudos de Fisiologia do Exercício (2005);

- Pós-graduado (*Lato sensu*) em Fisiologia do Exercício pelo CECAFI – Centro de Estudos em Ciência da Atividade Física (2007);

- Pós-graduado (*Lato sensu*) em Treinamento de Força pela faculdade Unisanta (Aspectos Metodológicos e Fisiológicos no Treinamento de Força (2009);

- Fisiologista da modalidade de voleibol masculino e feminino do SANTOS FUTEBOL CLUBE – FUPES;

- Consultor da preparação física de nadadores do Estado de SP;

- Consultor da preparação física de jogadores de voleibol de areia;

- Avaliador Físico da Secretaria de Esportes de Santos;

- Colaborador da preparação física da modalidade de ciclismo da seleção brasileira no ano de 2009;

- Palestrante sobre treinamento desportivo.

Contato: *www.rodrigogianoni.com.br*

Colaboradores

CAUÊ VAZQUEZ LA SCALA TEIXEIRA

- Graduado em Educação Física – UNIMES;

- Pós-graduado em Fisiologia do Exercício – CEFE/UNIMES;

- Pós-graduado em Aspectos Fisiológicos e Metodológicos Atualizados do Treinamento de Força – UNISANTA;

- Autor dos livros *Musculação: desenvolvimento corporal global* e *Musculação: perguntas e respostas*.

- Professor concursado da Seção de Avaliação Física da Secretaria de Esportes da Prefeitura Municipal de Santos;

- Professor palestrante em diversos cursos e eventos por todo o Brasil, nas áreas de Musculação, Treinamento Funcional e *Personal Trainer*.

Contato: *www.caueteixeira.com.br.*

KETY MAGALHÃES KONDA

- Licenciada e Bacharelada em Educação Física – FEFESP – UNISANTA;
- Pós-graduada em Fisiologia do Exercício na Saúde, na Doença e no Envelhecimento – CECAFI – USP;
- Professora estatutária (concursada) da Prefeitura Municipal de Santos;
- Professora da academia Unique – Santos/SP;
- *Personal trainer* na cidade de Santos/SP.

Índice

INTRODUÇÃO, 19

1. A IMPORTÂNCIA DO TREINAMENTO DE FORÇA EM NADADORES, 23

1.1. A força como uma capacidade determinante para o esporte, **25**

2. CONSIDERAÇÕES À PRÁTICA DA MUSCULAÇÃO EM NADADORES, 31

2.1. Princípios biológicos do treinamento, **33**

2.1.1. Princípio da sobrecarga progressiva e da variabilidade, **33**

2.1.2. Princípio da adaptação e da supercompensação, **34**

2.1.3. Princípio da especificidade, **35**

2.2. Variáveis, **35**

    2.2.1. Capacidades físicas, **35**

    2.2.2. Tipos de contrações e ações musculares, **39**

    2.2.3. Quantidades de sessões e períodos de treinamento na musculação, **40**

    2.2.4. Exercícios, **45**

    2.2.5. Seleção de exercícios para atletas iniciantes e profissionais, **50**

3. FATORES QUE PODEM INFLUENCIAR POSITIVAMENTE NO DESEMPENHO, 53

3.1. Redução progressiva do treinamento de força na fase de polimento, **55**

3.2. Musculação para jovens atletas, **58**

3.3. Potencialização Pós-Ativação (PPA), **60**

3.4. Treinamento pliométrico – aplicação prática, **61**

3.5. Treinamento vibratório, **63**

3.6. Suplementação de creatina em nadadores, **64**

3.7. Periodização de treinamento – teoria *vs* prática, **66**

3.8. Avaliação física, **69**

3.9. Treinamento funcional e *Core Training*, **70**

    3.9.1. Treinamento Funcional – um breve histórico no Brasil, **70**

    3.9.2. *Core Training* – Uma Vertente do Treinamento Funcional, **73**

    3.9.3. Aspectos fisiológicos do *Core Training*, **78**
        3.9.3.1. Fuso muscular: estrutura e função, **79**
        3.9.3.2. Instabilidade × fuso muscular, **81**

3.9.4. Aplicabilidade do *Core Training* na natação, **82**

3.9.5. Instabilidade × desempenho, **85**

3.9.6. Exercícios para o *Core Training*, **87**

3.10. Lesões musculoesqueléticas em nadadores de alto rendimento, **92**

3.10.1. Lesões de ombro em nadadores de alto rendimento, **93**

4. TREINAMENTO DE MUSCULAÇÃO PARA NADADORES NÃO PROFISSIONAIS, 101

4.1. Benefícios da musculação para praticantes de natação em academias, **103**

4.2. Periodização para atletas não profissionais, **106**

CONSIDERAÇÕES FINAIS, 109

REFERÊNCIAS BIBLIOGRÁFICAS, 111

INTRODUÇÃO

Após compreender o conceito de desempenho na natação como sendo percorrer a distância prescrita no menor tempo possível, respeitando as regras estabelecidas, torna-se claro que a junção entre fatores biomecânicos, antropométricos e fisiológicos são determinantes para uma melhor *performance*.

Com o passar dos anos, a musculação (exercícios resistidos) começou, cada vez mais, a compor as planilhas de treinamento de vários esportes, com a proposta de preparar a musculatura para esforços máximos de uma competição. O termo "musculação" pode ser definido, de acordo com GUEDES JR. (1997), como a execução de movimentos biomecânicos localizados em segmentos musculares definidos com a utilização de sobrecarga externa ou peso do próprio corpo.

No meio desportivo muito se aborda a questão da transferência da força muscular para as competições, e na natação não é diferente. VERCHOSHANSKIJ (1978), citado por WEINECK (2000), salienta que, enquanto uma flexão do cotovelo com peso depende de 13% da capacidade da força máxima, a velocidade dessa flexão depende de 39% da capacidade de força máxima, portanto, se a flexão passar a depender de 51% da força máxima, então, a velocidade dessa flexão dependerá de

19

71% da força máxima. Essa afirmação explica que quanto maior o nível de força do indivíduo, menor será o percentual utilizado dessa força para vencer uma mesma resistência, tendo como consequência uma maior velocidade de movimento.

Partindo dessa ideia, consideramos a água como uma resistência a ser vencida, e se o atleta não apresentar níveis de forças considerados ótimos para vencê-la, tende a não melhorar seus tempos na piscina. Vale lembrar que essa resistência também pode ser vencida com menor esforço, observando alguns ajustes biomecânicos. No entanto, esses ajustes também podem ser prejudicados caso o nível de força considerado ótimo (força útil) não seja atingido.

Força útil pode ser compreendida como um nível de tensão voluntária necessário para vencer uma dada resistência com o menor esforço possível, respeitando aspectos coordenativos e biomecânicos.

Sendo assim, essa força útil diminuída pode acarretar em um maior custo de nado, ou seja, a quantidade de energia metabólica gasta para transportar a massa corporal de um sujeito por unidade de distância será maior, acarretando maior custo energético da locomoção – este é o termo mais usado, especificamente, para natação (CAPUTO *et al.*, 2006).

Alguns estudos, como o de BARBOSA *et al.*, 2006, não observaram influência positiva no desempenho dentro da água em decorrência do treinamento de força fora d'água. Porém, algumas particularidades devem ser observadas para que o treinamento seja eficiente e ofereça transferência positiva, tais como: o nível de experiência dos atletas em treinamento de força, metodologia dos treinos de musculação e de piscina, periodização de treinamento.

Sendo assim, encontramos na literatura numerosas metodologias de treinamento, sendo que algumas são aplicáveis e outras não aplicáveis para melhoria de nossos atletas. Cabe aos profissionais do exercício adequar as metodologias às suas realidades de trabalho.

Muitos estudiosos discutem qual seria a melhor periodização de treinamento para um atleta de competição. Todos esses modelos clássicos e atuais foram e serão importantes para idealizar a melhor proposta de treinamento, só que, por vezes, técnicos e preparadores físicos negligenciam alguns princípios básicos do treinamento físico. Talvez o princípio mais importante, negligenciado por muitos, é o princípio da individualidade biológica, que considera a experiência atlética, a etnia e outros fatores individuais. De acordo com esse princípio, todas as pessoas são diferentes entre si, necessitando de metodologias distintas de treinamento para apresentarem bons resultados. Sendo assim, mesmo que uma pesquisa apresente resultados negativos em decorrência de alguma metodologia de treinamento, em determinado atleta, a mesma metodologia pode apresentar bons resultados.

No mundo desportivo competitivo, já se chegou ao consenso de que treinar é importante para se obter o lugar mais alto do pódio. Como e quanto treinar vai depender de diversos fatores presentes na rotina de trabalho de cada um. Caberá aos responsáveis a análise do que se propõe na literatura específica para então aplicar em suas rotinas, muitas vezes utilizando o método de tentativa e erro, tentativa e acerto.

Além disso, pouco se discutiu ou se formalizou uma posição de como e quanto deve ser o descanso. Na natação, por exemplo, a fase de polimento, dentre outras utilidades, serve para que o atleta atinja o nível de supercompensação desejado. Mas quanto tempo deve durar essa fase?

Esse e outros questionamentos serão abordados nas páginas que se seguem, a fim de proporcionar aos leitores mais uma opção interessante de literatura específica, contribuindo assim para o enriquecimento da área do treinamento esportivo.

PARTE PRIMEIRA

A IMPORTÂNCIA DO TREINAMENTO DE FORÇA EM NADADORES

Nesta sessão, para auxiliar na compreensão da proposta do livro, abordaremos diretamente a importância do treinamento de força em nadadores.

1.1. A FORÇA COMO UMA CAPACIDADE DETERMINANTE PARA O ESPORTE

Segundo FOSS *et al.* (2000), a força é compreendida como uma força ou tensão que um músculo, ou grupo de músculos, consegue exercer contra uma resistência em um esforço máximo.

A força, na natação, pode ser definida como uma tensão muscular voluntária necessária para a superação da resistência da água.

Na natação, a força em suas diversas manifestações, entre outros fatores, determina os resultados dos nadadores, quaisquer que sejam as particularidades das provas. Com isso, o treinamento de força dentro e fora da água é essencial para a preparação física, principalmente em nadadores competitivos.

Os nadadores especializados em distâncias curtas (50m, 100m) dedicam atenção, primeiramente, ao desenvolvimento da força máxima e da força de explosão (PLATONOV, 2005). Essa atenção é devida à importância da saída do bloco na prova de 50 metros, parte da prova que contribui muito para se alcançar os melhores tempos.

A aplicação de exercícios resistidos fora d'água para o aumento da força em suas manifestações em nadadores justifica-se pelo fato de grande parte das provas de natação competitiva não excederem o tempo de 200 segundos, o que possibilita a aplicação de grande nível de potência muscular por toda a prova.

Em um caso citado por PLATONOV (2005), conclui-se que o nadador russo Denis Pankratov, campeão dos jogos olímpicos de 1996, em Atlanta, nas distâncias de 100m e 200m borboleta, conquistou a vitória por causa do potente salto de saída, da superação dos 10 segundos iniciais e da alta velocidade no trecho de 10 a 25m. Todos os itens citados fazem referência à manifestação de força explosiva (potência).

Alguns estudos, como os de MILER *et al.* (1984), LEWIS (1980) e BOCALINI *et al.*, (2007), mostraram melhorias na saída de bloco de nadadores após treinamento utilizando a metodologia baseada em exercícios pliométricos. Outro estudo, de HILFIKER *et al.* (2007), observou um aumento da força explosiva no salto vertical logo após ter realizado alguns exercícios de pliometria, possibilitando melhoras de atletas como, por exemplo, a saída de bloco do nadador (salto). Esse acontecimento pode ser chamado de PPA (Potencialização pós Ativação) ou PPT (Potencialização pós-Tetânia) [ler mais adiante].

A introdução do treinamento de força na sala de musculação também é de muita serventia para a eficácia da virada, tendo em vista que, além de ser determinada pela capacidade de coordenação, é também influenciada pela sincronização da força-velocidade de membros inferiores (impulsão na parede, após virada), sendo ainda mais importante nas provas de velocidade em piscinas curtas.

Outras metodologias de treinamento de força também podem ser úteis para a melhora de saídas e viradas como, por exemplo, a aplicação da força com velocidade (força rápida) em exercícios básicos de musculação ou exercícios que se aproximam do gesto esportivo como: agachamento, *leg press*, levantamento terra, entre outros.

Figura 1: Agachamento

A musculação para os membros superiores também é de suma importância para a melhoria dos tempos na piscina, lembrando que a resistência da água é a principal força a ser vencida durante a locomoção aquática, sendo 800 vezes mais densa que o ar. Portanto, quanto menor a força do atleta, maior será o dispêndio energético para aplicação do movimento de braçada na fase submersa, o que tende a gerar um estado de fadiga precoce, com consequente comprometimento da técnica e piora da biomecânica do nado (força útil). CAPUTO *et al.* (2006) classificam o estilo borboleta como o nado de maior gasto energético, possibilitando conceitos diferentes na prescrição do treinamento de força.

Esses benefícios proporcionados pelo treinamento de força podem ser diminuídos devido à utilização de metodologias "errôneas" de treinamento e, principalmente, se não houver sintonia do trabalho do preparador físico com o restante da comissão técnica, como o técnico e nutricionista.

Graves prejuízos de *performance* podem acontecer se não houver sincronia entre os treinamentos dentro e fora d'água, além da não observância dos princípios básicos do treinamento físico. Erros comuns são observados principalmente quanto à determinação do volume de treinamento na piscina, sendo, por muitas vezes, elevado. No entanto, com relação ao treinamento de musculação, os erros são ainda maiores, devido a não observância ao princípio da especificidade.

Segundo GUEDES JR. (2007), o princípio da especificidade consiste em obedecer às características específicas da modalidade em questão, como a via metabólica predominante, grupos musculares e ações musculares que participam do gesto esportivo (gesto motor), amplitude de movimento e tipo de ação muscular e força empregadas. Caso não seja respeitado, o treinamento pode prejudicar o rendimento do atleta.

Para exemplificar melhor o conceito, pode ser considerada uma perda de tempo treinar ciclismo com o intuito de melhorar o condicionamento para nadar. Da mesma forma, os exercícios de musculação devem ser semelhantes à atividade principal (nado) para proporcionar transferência para a água. Essa semelhança deve levar em consideração os fatores supracitados, principalmente, o gesto motor, ação muscular e força empregada, além de via metabólica predominante.

Outra questão a ser levantada é saber qual capacidade física é mais relevante para aquele momento do planejamento, ou em qual capacidade o atleta apresenta maior deficiência.

ZATSIORSKY e KRAEMER (2008) citam uma situação em que um jovem atleta começou a se exercitar com pesos livres, realizando agachamentos com uma barra pesada. No início ele era capaz de agachar segurando uma barra equivalente a seu peso corporal. O seu desempenho no salto vertical era de 40cm. Após 2 anos, a carga levantada no agachamento com barra foi de 2 vezes o peso corporal, e o salto vertical melhorou para 60cm. Ele continuou a treinar da mesma forma, e após mais 2 anos, era capaz de agachar com peso equivalente a 3 vezes do seu peso corporal. No entanto, o seu desempenho no salto não havia acompanhado a melhora da força, pois, nesse momento, o salto passaria a depender de outra variável da aptidão: a potência muscular (força explosiva). A partir desse momento, o treinamento deveria ser o mais específico possível.

Essa melhora da força explosiva por meio do treinamento de força máxima aconteceu devido ao aumento de uma das variáveis que compõem a força rápida (explosiva): a força. Segundo BUEHRLE e SCHMIDTBLEICHER (1981), a melhora da força vem sempre acompanhada de um aumento da potência do movimento. Os mesmos autores salientam que pelo aumento da secção transversal do músculo (em decorrência do treinamento de força), mais ligações de pontes cruzadas por unidade de tempo ficam à disposição para um deslizamento da actina sobre a miosina, aumentando assim a velocidade de movimento. Com o aumento da secção transversal das fibras musculares e a ativação sincronizada das unidades motoras, ocorre uma redução da carga por unidade de tempo, com isso, uma contração mais rápida se torna possível (PAERISCH, 1974).

No entanto, o conceito de potência está relacionado, além da força máxima, com a aceleração do movimento (velocidade). A ideia é mobilizar o máximo de carga possível no menor tempo possível. Portanto, treinar a força máxima ajuda até certo ponto, mas, a partir de então, a velocidade do movimento deve ser enfatizada.

Analisando o fato ocorrido no estudo de ZATSIORSKY e KRAEMER (2008), a força foi muito importante no treinamento quando o atleta precisava de força para o aumento da força explosiva, mas como todas as capacidades tendem a atingir um platô (estagnação), os princípios da especificidade e variabilidade começam a ser mais importantes.

O princípio da variabilidade compreende a variação dos estímulos que devem ser oferecidos à musculatura (TEIXEIRA e GUEDES JR., 2009). Sendo assim, o treinamento deve variar a fim de evitar platôs na aptidão física, ou seja, ora enfatizar a força máxima, ora enfatizar a velocidade de movimento (periodização).

Outro fator que deve ser levado em consideração durante a prescrição do treinamento é a transferência de força. Esse conceito defende a ideia de que de nada adianta aumentar a força máxima em um determinado exercício, se essa força não se transfere ao desempenho no nado.

A melhor transferência dos benefícios do treinamento de força ao rendimento na natação seria assegurada preservando-se a especificidade, principalmente relacionada ao padrão de movimento durante o treinamento de musculação.

Concluindo a ideia, todas essas manifestações e meios de treinamento da força são importantes, tendo em vista a alta exigência dessa capacidade física para um bom desempenho da natação.

PARTE SEGUNDA

CONSIDERAÇÕES À PRÁTICA DA MUSCULAÇÃO EM NADADORES

Esta sessão abordará alguns princípios básicos do treinamento de força, exemplificando-os com situações práticas na musculação.

2.1. PRINCÍPIOS BIOLÓGICOS DO TREINAMENTO

Para se prescrever o treinamento de força é necessário que alguns conceitos e princípios sejam respeitados. O objetivo global de um condicionamento esportivo é melhorar o desempenho esportivo propriamente dito, oferecendo assim melhor condição para a conquista do objetivo (vitória).

Caso os princípios não sejam respeitados, poderão ocorrer alguns prejuízos, acarretando uma menor possibilidade de conquista do objetivo. Agora, iremos abordar alguns princípios importantes para o treinamento de musculação.

2.1.1. PRINCÍPIO DA SOBRECARGA PROGRESSIVA E DA VARIABILIDADE

Segundo POWERS e HOWLEY, 2005, sobrecarga progressiva é a necessidade de que um sistema ou um tecido tem de ser exercitado a um nível além do qual está acostumado para que ocorra o efeito do treinamento (adaptação). Para SOUZA JR. *et al.* (2005), consiste em expor o organismo a cargas de treinamento, geralmente maiores do que as vivenciadas no dia a dia.

Já o princípio da variabilidade, em uma análise prática, consiste em alterar variáveis de treinamento como carga, séries, repetições e intervalos de recuperação entre as séries no decorrer do programa de treinamento. Essas variações, quando bem empregadas, oferecerão estímulos diferentes, evitando a ocorrência de platô precoce no rendimento.

Ambos os princípios relacionam-se intimamente, pois é possível aumentar a sobrecarga a partir de uma variação de treinamento, assim como variar o treinamento com o aumento da sobrecarga.

2.1.2. PRINCÍPIO DA ADAPTAÇÃO E DA SUPERCOMPENSAÇÃO

Adaptação refere-se aos ajustes orgânicos frente às perturbações ao estado de equilíbrio dinâmico. No treinamento físico, refere-se aos ajustes sofridos pelos sistemas orgânicos frente ao exercício.

SOUZA JR. *et al.* (2005) explica que o termo "adaptação" refere-se às modificações das entidades biológicas ao longo do tempo, ou seja, modificações que acontecem com a evolução das espécies, sendo passadas de geração à geração. Sendo assim, os autores preferem o termo "ajustamento" para se referir às adaptações ocorridas frente ao treinamento físico.

Quando o organismo é exposto a um estresse que quebra o estado de equilíbrio dinâmico (homeostase), ele busca incessantemente a retomada do equilíbrio, por meio de ajustes fisiológicos. Essa recuperação se dá além dos níveis iniciais de equilíbrio dinâmico, com o intuito de evitar uma nova perturbação desse equilíbrio. A esse fenômeno dá-se o nome de "supercompensação" (GUEDES JR. *et al.*, 2008).

Portanto, a ideia do treinamento é provocar um estímulo (sobrecarga progressiva e variação) a fim de perturbar o equilíbrio dinâmico do organismo, para que ele se recupere e atinja um estado de supercompensação.

Uma das formas práticas de saber se a supercompensação está acontecendo de fato é a aplicação de testes simples antecedendo a sessão de treinamento, a fim de comparar o desempenho do indivíduo com os testes e sessões de treino anteriores. Caso o desempenho seja melhor, a supercompensação ocorreu, caso negativo, deve-se rever a intensidade planejada para o treinamento subsequente, a fim de evitar o *overtraining*.

2.1.3. PRINCÍPIO DA ESPECIFICIDADE

GUEDES JR. *et al.* (2008) explica este princípio como sendo o respeito às características específicas da modalidade. Essa especificidade compreende a via metabólica predominante, os grupos e ações musculares envolvidos e a modalidade de força utilizada para o gesto esportivo.

Este princípio, mesmo sendo muito difundido na literatura, é ainda pouco utilizado na modalidade e muito menos na sala de musculação. Se não for respeitado, principalmente na musculação, a transferência do que se treinou na musculação para a água será prejudicada.

Na natação, como em todos os esportes, devemos observar qual é a melhor maneira de treinar o atleta, respeitando a individualidade biológica, a modalidade, o tempo disponível para treinamento, o calendário e as observações do técnico (geralmente, o líder da comissão técnica). A partir disso, o preparador físico, por meio de testes específicos, começa a elaborar estratégias para o treinamento.

Essas estratégias envolvem a mescla de diversas variáveis de treinamento como exercício, séries, repetições, frequência semanal, entre outras. Essas variáveis serão abordadas nas páginas que seguem.

2.2. VARIÁVEIS

2.2.1. CAPACIDADES FÍSICAS

A força pode se manifestar de várias maneiras. Na medida em que a distância da prova aumenta, o papel da força máxima e explosiva diminui, e cresce a participação da resistência de força.

No treinamento esportivo existem três tipos de força a serem desenvolvidos: a força máxima; a força explosiva; e a resistência de força (ZAKHAROV e GOMES, 2003, citados por PINNO *et al.*, 2005).

Na musculação, todas essas manifestações de força podem ser treinadas e otimizadas para a melhora da *performance*. DANTAS *et al.* (1998) corroboram com essa ideia, acrescentando que a musculação é benéfica devido aos rápidos resultados, pela facilidade de controle do treinamento, e por atender melhor ao princípio da especificidade, colocando-o como destaque no treinamentos de atletas de alto nível competitivo.

- **Força Máxima:** É a máxima disposição de tensão por meio de componentes neurais, estruturais e fisiológicos para o músculo vencer uma dada resistência. PLATONOV (2005) define como uma tensão máxima que o desportista é capaz de manifestar na presença de uma contração muscular voluntária máxima. Essa capacidade física é importante para a melhora das outras capacidades, como, por exemplo, a força explosiva. WEINECK (2003) cita que a força explosiva, velocidade e a resistência de força dependem em grande parte das relações da força. A força máxima pode ser treinada com cargas (intensidade) altas de aproximadamente 80 a 95% de 1 AVMD (ação voluntária máxima dinâmica), de 1 a 5 repetições, com 3 a 5 minutos de intervalo. Os exercícios recomendados para treinar com cargas pesadas são chamados de exercícios básicos ou multiarticulares, como o supino, agachamento ou desenvolvimento e, consequentemente, treinando grandes grupos musculares. A velocidade do movimento é determinada pela magnitude do peso levantado, pois, segundo a física, a velocidade é inversamente proporcional à resistência oferecida (peso). Por isso, quando se treina força máxima, o movimento se torna lento aos olhos de quem observa (GUEDES JR., 2007).

Figura 2: Supino

- **Força Explosiva ou Força em velocidade:** Também podendo ser chamada de força de saída, é um ajuste potencializado de componentes neurais, estruturais e fisiológicos para o músculo vencer uma dada resistência com máxima velocidade. PLATONOV (2005) refere-se como a capacidade do sistema neuromuscular mobilizar altas porcentagens de força no menor tempo possível. Essa capacidade física é importante para todas as distâncias na natação, devido, por exemplo, à possibilidade da melhora da saída do bloco (presente em todos os estilos). GUEDES JR. (2007) afirma que a força em velocidade ou explosiva pode ser treinada com 30 a 60% de 1 AVMD, de 3 a 5 séries, com um número de repetições de 3 a 10, com 3 a 5 minutos de intervalo, lembrando que não se deve perder a velocidade do movimento. Essa velocidade deverá ser máxima na fase concêntrica e controlada na fase excêntrica. Os exercícios utilizados para a prescrição dessa capacidade física podem ser os básicos ou semelhantes ao gesto esportivo (GUEDES JR., 2007). Para CARVALHO *et al.*(2006), a força explosiva deve ser treinada com altas cargas e a máxima velocidade de contração muscular, para que se garanta uma grande ativação nervosa (recrutamento, frequência, descarga dos impulsos e sincronismo das unidades motoras).

Outra forma de se treinar a manifestação da força explosiva é o treinamento pliométrico. O treinamento pliométrico assume-se como um método eficaz para otimizar a força muscular (KOMI, 1984; CAVAGNA, 1997), baseado em um conjunto de exercícios que permite ao músculo atingir um nível mais elevado de força explosiva, fundamentado no ciclo de alongamento e encurtamento, também conhecido como CAE (FORD *et al.*, 1983; CHIMERA *et al.*, 2004). Essa ação provoca no complexo musculotendíneo um armazenamento de energia elástica que é liberada durante a contração concêntrica na forma de energia cinética, transformando a força pura em força rápida (FORD *et al.*, 1983; CAVAGNA, 1997; CHIMERA *et al.*, 2004, LEES *et al.*, 2004).

O treinamento pliométrico é uma excelente ferramenta para melhora da potência de saltos, podendo ser útil para a melhoria da saída de bloco em nadadores. HUBERT *et al.* (2007) verificaram uma correlação direta em maior impulsão vertical e força resultante, possibilitando uma saída mais rápida.

- **Resistência de força:** É uma manifestação de força muscular prolongada por meio de componentes neurais, estruturais e fisiológicos (PLATONOV, 2005). É a capacidade de manter, por tempo prolongado, indicadores de força suficientemente altos. A resistência de força pode ser treinada com 40 a 60% da força máxima, com um número de repetições de 15 a 30 com intervalo entre as séries de 45 segundos (GUEDES. JR., 2007). Esse número de repetições poderá ser alterado para mais repetições de acordo com a especificidade do esporte. Uma outra maneira de se treinar é executar séries por tempo, sem número estipulado de repetições, assemelhando-se ainda mais com o esporte.

A resistência de força rápida, segundo WEINECK (2000), pode ser uma forma especial de resistência de força. Essa tem um significado muito grande em todas as modalidades esportivas em que os movimentos devem ser executados de maneira rápida, com força e por períodos prolongados. Os exercícios que podem ser escolhidos para se treinar a manifestação de resistência de força e força rápida são exercícios básicos e, principalmente, os que se aproximam do gesto esportivo. Todas essas capacidades físicas treinadas corretamente levam ao aumento da força útil.

Outra questão que deve ser abordada neste capítulo é quais são os substratos energéticos utilizados em determinadas capacidades físicas treinadas na musculação. Aplicando-se esta questão à prática, podemos planejar melhor, diminuindo as chances de um *overtraining* (ver em quantidades de sessões de treinamento).

2.2.2. TIPOS DE CONTRAÇÕES E AÇÕES MUSCULARES

O tipo de contração muscular no esporte também é de suma importância para a prescrição do treinamento. Particularmente, na natação, a predominância dessa contração é do tipo dinâmica.

Agora vamos abordar dois tipos de contração musculares: estáticas e dinâmicas.

A importância da contração muscular estática se dá na atuação dos músculos posturais do corpo, os quais atuam para manter a posição estática durante períodos de manutenção de uma mesma postura (POWERS e HOWLEY, 2005). Isso ocorre por meio de uma ação muscular isométrica.

Os músculos posturais fortalecidos são importantes para o treinamento de musculação propriamente dito, por auxiliarem no treinamento com altas cargas, agindo como músculos estabilizadores. São denominados estabilizadores por estabilizarem outros segmentos para execução do movimento principal, como, por exemplo, os músculos da região lombar e abdominal no exercício de agachamento.

Considerações à prática da musculação em nadadores

Já a contração muscular dinâmica é a manifestação alternada de dois tipos de ações musculares: concêntrica e excêntrica. A concêntrica é quando a força muscular vence uma determinada resistência realizando o encurtamento muscular (aproximação origem-inserção), e a excêntrica é quando a resistência vence a força muscular, acarretando um alongamento do músculo (afastamento origem-inserção).

A contração muscular dinâmica, principalmente a ação concêntrica, é a mais utilizada nos exercícios de musculação para a natação devido às características do esporte.

2.2.3. QUANTIDADES DE SESSÕES E PERÍODOS DE TREINAMENTO NA MUSCULAÇÃO

O maior desafio do preparador físico é a tentativa de estímulos diferentes no seu planejamento, ou seja, criar treinamentos diferenciados para proporcionar o aumento de *performance*, e, principalmente, acertar no tempo de recuperação das capacidades físicas para a próxima sessão ou período de treinamento.

Todas as capacidades físicas requerem um tempo de recuperação para a próxima sessão de treinamento. Essa recuperação, chamada de supercompensação, é de suma importância para não haver prejuízos da *performance*.

Um meio eficaz para observação de uma não supercompensação ocorre por meio de testes como, por exemplo: se o objetivo do treino está focado na realização de uma série de 6 a 8 repetições com uma carga já utilizada em sessões anteriores e o atleta só consegue executar 3 repetições, isso pode ser um indicativo de uma recuperação inadequada.

Com os dados da avaliação realizada, podemos mudar as estratégias da sessão, diminuindo as chances de diminuição de *performance*.

Outro fator que devemos levar em consideração é a dor muscular de início tardio (DMIT). A dor muscular é causada por lesão muscular aguda e lesão química (microlesões). A primeira é por tensão das fibras musculares, em especial na fase excêntrica, e a segunda se deve a eventos mecânicos, acidose metabólica e hipoxia tecidual. Tal dor pode demorar até 10 dias para desaparecer por completo, apresentando picos entre 24 a 48 horas (ZATSIORSKY e KRAEMER, 2008).

Para a prescrição da quantidade de sessões e períodos de treinamento, primeiro deve-se observar a necessidade, e em qual fase da periodização (preparatório, específico ou competitivo) o atleta se encontra. Tomaremos o exemplo de uma periodização na fase de polimento. Essa fase se encontra há poucos dias da competição principal, e a musculação nesse período torna-se importante como forma de manutenção de força. Essa manutenção é realizada em um treinamento de forma progressivamente reduzida. Polimento, segundo BOMPA (2002), é um período reservado para o treinamento específico para uma competição importante e facilitar a ocorrência da supercompensação, por meio de um decréscimo de cargas (volume), fazendo a manutenção de treinamento. Essa manutenção consiste em um treinamento de forma progressivamente reduzida.

O treinamento reduzido pode estar relacionado ao princípio da manutenção. GUEDES JR. (2007) define esse princípio como um período de manutenção da aptidão física, em que se observa a diminuição da duração e a frequência de treinamento (volume), mantendo a intensidade.

Existem algumas considerações de como se treinar em dois períodos (ex. manhã e tarde), mesmo se tratando de treinos separados e diferentes como, por exemplo, o de piscina pela manhã e o de musculação à tarde. É importante que os membros da comissão técnica conheçam alguns aspectos fisiológicos como, por exemplo, qual foi o substrato energético utilizado com predominância no treinamento anterior (manhã) e seu tempo de recuperação, para que o treinamento do período posterior (tarde) não seja prejudicado. Isso fará com que os objetivos e, consequentemente, o sucesso do planejamento sejam conquistados.

Na musculação, podemos utilizar como fonte de geração de energia para o treinamento principalmente as vias metabólicas anaeróbia alática (ATP-CP) e anaeróbia lática (glicolótica). O ATP/CP (anaeróbia alática) é utilizado na musculação como fonte de energia em treinamentos com o número pequeno de repetições. Conforme o número de repetições aumenta, o glicogênio torna-se predominante para o fornecimento de energia (anaeróbio lático). Todas essas metodologias de treino, sendo aplicadas corretamente, ajudam na melhora de fornecimento desses substratos energéticos em sessões futuras de treinamento e nas competições.

A melhoria do fornecimento de energia como nos treinamentos de musculação pode colaborar para melhor desempenho da potência anaeróbia, sendo que essa valência física é utilizada nas provas que duram menos de sessenta segundos.

Na natação, essas vias metabólicas são utilizadas com as seguintes proporções em cada distância:

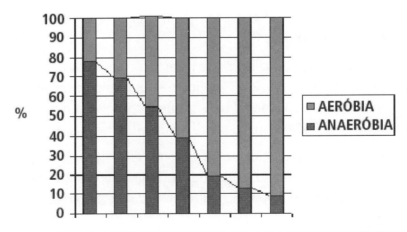

Distância (m)	25	50	100	200	400	800	1500
Aeróbia	22	31	46	61	81	87	91
Anaeróbia	78	69	55	39	19	13	9

Adaptado de PLATOVOV (2005)

Quando não há conhecimento desses fatos e os intervalos das sessões do treinamento não são respeitados, o atleta começa a sentir prejuízos em seus treinamentos e consequentemente em competições, por possibilidades de uma aquisição da síndrome do *overtraining*.

O *overtraining* pode ser definido como a incapacidade de o organismo proporcionar a recuperação após treinamento, ou período de treinamento. Essa incapacidade deve-se a fatores como excesso na dosagem de treinamento (volume × intensidade) associado a períodos de recuperação inadequados (repouso, alimentação, etc.). A determinação dessas variáveis depende da individualidade do atleta. Esta síndrome pode ser observada quando o individuo não consegue manifestar condições normais para o treinamento, dentre outros fatores.

O gráfico de percentual da utilização das vias metabólicas como fonte de energia apresentado acima também exerce uma função importante na prescrição do treinamento de musculação para nadadores de maiores distâncias em que a via metabólica aeróbia (oxidativa) torna-se predominante.

Apesar da musculação apresentar características prioritariamente anaeróbias, algumas modificações no treinamento podem contribuir para o aumento do componente aeróbio.

Outra dúvida que fica na cabeça do treinador é saber qual capacidade física treinar na primeira sessão de treinamento do dia. A ciência e o bom senso mostram que a capacidade física a se treinar primeiro deverá ser a que o treinador pretende priorizar.

A ordem de planejamento para treinamento das capacidades físicas em uma sessão pode ser: força explosiva, força máxima, resistência de força. A explicação dessa ordem se dá no fato de não haver possibilidade de desenvolver níveis ótimos de força explosiva e força máxima, depois de um treinamento de resistência de força, devido ao estado de fadiga previamente instalado.

Em uma aula prática de musculação em um curso de pós-graduação de Santos, ministrada pelo professor Dilmar Pinto Guedes Jr., 7 indivíduos (alunos), 5 homens e 2 mulheres, com idade média de 25 anos, praticantes de musculação, foram submetidos a 2 repetições com 90% da carga máxima no exercício supino reto e logo após realizaram um arremesso com uma bola de *medicine ball* com 2kg para verificação da potência de membro superior. Depois foram todos submetidos a 30 repetições no exercício supino reto com 50% da carga máxima e também logo após um arremesso com a bola de *medicine ball*. A comparação entre os resultados observou melhor desempenho no arremesso na primeira situação. Em conclusão, houve um comprometimento negativo da potência muscular após realização das 30 repetições com 50% da carga máxima, sendo este fato provavelmente ocasionado pela fadiga instalada.

Todas essas repetições referentes ao número de sessões e períodos de treinamento são modificáveis de acordo com a periodização utilizada pelo treinador. Essa questão será mais abordada no capítulo de periodização do treinamento.

Exemplo de um microciclo de treinamento na sala de musculação na penúltima semana do período de polimento

2ª feira	3ª feira	4ª feira	5ª feira	6ª feira	Sábado	Domingo
*Leg press**			*Leg press**			
Agachamento**			Agachamento**			
*Leg Press***			*Leg Press***			
*Smith Machine****			*Smith Machine****			
Supino reto**			Supino reto**			
Desenvolvimento**			Desenvolvimento**			
Puxador Frente**			Puxador Frente**			
*Smith machine*****			*Smith machine*****			

* Pliometria – 2 séries de 10 repetições com 90' intervalo.

** Força Máxima – 2 séries de 3 repetições com 120' intervalo.

*** Força Rápida – 2 séries de 6 repetições com 60' de intervalo.

**** Resistência de força rápida (Especial) – 2 séries de 30' com 90' intervalo.

Obs: o exercício *smith machine* corresponde ao exercício supino com arremesso da barra para o alto.

2.2.4. EXERCÍCIOS

A escolha do exercício é importante para diminuir índices de lesões e preparar o atleta para uma competição.

Nos últimos anos, houve muita controvérsia acerca dos exercícios de musculação, como, por exemplo, se o treinamento com pesos livres produziria maiores ganhos de força em atletas do que o treinamento em aparelhos de musculação. No momento, não há uma resposta definitiva sobre qual é o melhor, favorecendo a ideia de que a combinação dos dois tipos ou mais equipamentos de musculação é importante para o treinamento de atletas. Cada equipamento terá sua utilização priorizada em determinada fase.

Os exercícios para musculação são classificados em: uniarticulares ou unissegmentares (figura 3), multiarticulares ou multissegmentares, sendo estes também denominados de exercícios básicos (figura 4).

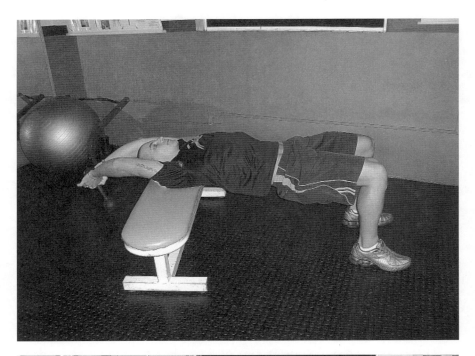

Figura 3: Uniarticular ou unissegmentar

Figura 4: Multiarticular ou multissegmentar

Dentro das classificações de exercícios supracitadas, pode-se elaborar exercícios específicos, que se assemelham ao gesto esportivo (figuras 5 e 6). Tais exercícios podem ser tanto uniarticulares como multiarticulares.

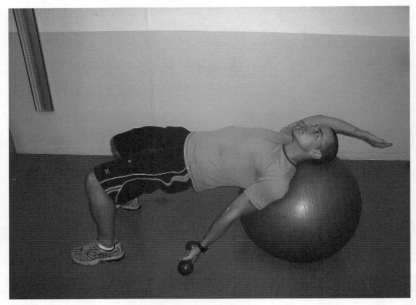

Figura 5: Exercício uniarticular específico para o nado (estilo costas)

Figura 6: Exercício uniarticular específico para o nado (estilo *crawl*)

Esses exercícios que se aproximam do gesto esportivo respeitam o princípio da especificidade que, no caso da musculação, compreende a manipulação das variáveis de maneira tal que possibilite aproximar a técnica de execução do exercício com a situação do cotidiano na qual se deseja empregar a força (TEIXEIRA e GUEDES JR., 2009).

Esse conceito foi introduzido também por PESSOA FILHO e MONTEIRO (2008), que em seu estudo prescreveram exercícios como supino reto e remada, sendo que, no ponto de vista dos autores, são semelhantes ao gesto esportivo do nado crawl.

FLECK e KRAEMER (2006) acrescentam que outro fator favorável aos exercícios multiarticulares é que esses têm maior especificidade de transferência do que exercícios monoarticulares, ou seja, os gestos motores dos exercícios multiarticulares são mais semelhantes à maioria dos gestos esportivos e do cotidiano, permitindo melhor aplicabilidade da força devido à especificidade do movimento (transferência).

Outro fator importante que deve ser levado em consideração é a escolha da ordem dos exercícios e qual o público a ser treinado.

2.2.5. SELEÇÃO DE EXERCÍCIOS PARA ATLETAS INICIANTES E PROFISSIONAIS

ZATSIORSKY e KRAEMER (2008) apresentam uma relação de considerações para a prescrição de exercícios para determinadas populações:

- **Atletas iniciantes:**
    1. Primeiramente, treinar músculos da área do tronco, como abdominal, paravertebrais.
    2. Aumentar a força em grupos musculares e movimentos do esporte principal, junto com a técnica correta.

- **Atletas profissionais:**
    1. Treinar força em exercícios que se aproximem ao gesto esportivo, enfatizando os grupos musculares que atuam no evento

esportivo. O período da periodização deve ser observado para aquisição desta consideração proposta.

Outra variável na prescrição do treinamento é saber qual equipamento utilizar para determinado exercício. Existem variados tipos de equipamentos que devemos conhecer para saber qual momento e a melhor maneira de se treinar com cada um deles.

Podemos citar os pesos livres, aparelhos com polias, aparelhos sem polias, exercícios com o próprio peso corporal e cordas elásticas, como exemplo dos mais diversos tipos de equipamentos presentes na sala de musculação.

Os pesos livres – halteres, anilhas e barras – possibilitam a realização do movimento nos três planos (frontal, sagital e transverso), importantes para o alto rendimento, permitindo a execução de movimentos parecidos com o esporte praticado. Quando o exercício é realizado com pesos livres, os músculos responsáveis pelo equilíbrio postural tornam-se atuantes para a execução dos movimentos (FLECK e SIMÃO, 2008).

Outra forma de se treinar musculação é utilizando aparelhos. Dentre os aparelhos, podemos citar aqueles que se utilizam de sistemas de cabos e polias com o intuito de alterar a direção e o sentido do vetor de resistência. Ainda assim, dentre os aparelhos com sistemas de polias, existem aqueles com polias excêntricas, que, por apresentarem polias com raios diferentes, proporcionam resistência variável durante o movimento.

Os exercícios com tiras de borracha ("tripa de mico") são importantes para realização de exercícios que são de difícil execução nos demais tipos de aparelhos, por exemplo, aproximando ao gesto esportivo. São muito utilizados no treinamento de resistência de força ou resistência especial. A força de tração aumenta do início para o fim do movimento nesses exercícios, tornando-se uma resistência não específica.

PARTE TERCEIRA

FATORES QUE PODEM INFLUENCIAR POSITIVAMENTE NO DESEMPENHO

Agora, com o conhecimento da importância e dos princípios para o desenvolvimento das estratégias de treinamento, abordaremos pequenos detalhes que poderão fazer grande diferença no desempenho esportivo final.

Quando se trata de alto rendimento ou atletas profissionais, detalhes acabam fazendo a diferença. Esses detalhes podem ser adquiridos por meio de alguns fatores que, por muitas vezes, são negligenciados no treinamento. Esses fatores incluem: treinamento em jovens atletas, *core training*, potencialização pós ativação (PPA), periodização de treinamento e outras metodologias de treinamento que podem ter seu diferencial quando comparadas a outros treinamentos.

Os atletas, de um modo geral, pelo fato de apresentarem um longo histórico de treinamento, tornam-se menos treináveis. Isso acarreta uma diminuição dos ajustes do treinamento dificultando o avanço de desempenho, criando um platô. Porém, observando alguns detalhes, podemos provocar novos estímulos para a quebra desse platô e melhora do desempenho.

Essa seção abordará esses detalhes que, apesar de pequenos e de fácil aplicação, fazem uma grande diferença no trabalho.

3.1. REDUÇÃO PROGRESSIVA DO TREINAMENTO DE FORÇA NA FASE DE POLIMENTO

Colaboração: Prof. Cauê V. La Scala Teixeira

Atualmente, sabe-se da importante influência do treinamento de força fora da água na *performance* dos nadadores, principalmente os velocistas. Para melhorar a potência de um atleta, deve-se melhorar a força máxima dinâmica e a força de potência desse desportista através do treinamento resistido (ZATSIORSKY e KRAEMER, 2008).

Estudos longitudinais realizados têm mostrado que, na continuação de uma sessão de treinamento de força de alta intensidade, produz-se uma melhora na capacidade de mobilizar rapidamente atividades de inervação mais fortes (DE VRIES, 1979; SCHMIDTBLEICHER, 1984. Citados por VALDIVIESO, S/D). Esse acontecimento pode levar a um recrutamento mais rápido de unidades motoras nos atletas, quando comparados a pessoas não treinadas em força.

SCHMIDTBLEICHER (1992) escreve que a força máxima dinâmica contribui na qualidade da potência do atleta. RODACKI *et al.* (1994) afirmam que a melhora da força sempre beneficiará a potência muscular. Essas afirmações nos mostram a importância de se manter o maior nível de força máxima possível durante toda a temporada, mantendo, por consequência, a força explosiva.

Sendo assim, o trabalho deve focar a manutenção dos níveis de força durante todo o ano. Com isso, observa-se uma procura cada vez maior por informações que levem a uma melhor estratégia de treinamento, levando em consideração sua metodologia, o período a ser treinado, e quando o treinamento de força fora da água deve ser interrompido ao longo do planejamento.

Na natação, e em alguns outros esportes, utiliza-se, em seu planejamento para *performance*, um período chamado de polimento. Polimento, segundo BOMPA (2002), é um período reservado para o treinamento específico para uma competição importante, remover a fadiga e facilitar a ocorrência da supercompensação, por meio de um decréscimo das cargas de treinamento.

A maioria dos treinadores opta pela não realização do treinamento de força fora da água no período de polimento, período que pode durar até quatro semanas. Esse procedimento pode oferecer riscos quanto à diminuição da força e outras capacidades físicas, por isso, esses conceitos podem e devem ser revistos.

Estudos como o de GIBALA *et al.* (1994), citado por WEINECK (2003), corroboram com a afirmação acima. Nesse estudo, observou-se queda nos níveis de força máxima a partir de 8 dias de repouso total, sendo que isso não foi observado quando os indivíduos foram submetidos ao programa de treinamento reduzido.

Na fase de polimento, o treinamento de força pode se tornar reduzido, sendo usado como forma de manutenção das capacidades físicas importantes para o desporto, sendo treinado de forma secundária, ou seja, depois do treinamento na água, evitando assim o comprometimento negativo na supercompensação.

O treinamento reduzido pode estar relacionado ao princípio da manutenção. GUEDES JR. (2007) define esse princípio como um período de manutenção da aptidão física, em que se observa a diminuição da duração e a frequência de treinamento (volume), mantendo a intensidade. Isso pode ser de grande importância na fase de polimento para alguns atletas, respeitando sempre a individualidade biológica, fazendo com que o treinamento continue a ser realizado, mas de forma regressiva (volume regressivo).

O treinamento de força reduzido progressivamente em um planejamento já é uma estratégia aplicada, por muitas vezes, na prática, na fase que compreende a metade final do período específico/competitivo (micro ou mesociclo). Dessa forma, pode-se dar mais importância ao treinamento de natação (na água), fazendo com que a técnica e a tática sejam enfatizadas, e facilitando a supercompensação das capacidades físicas importantes para um bom desempenho.

Neste período, o foco deve estar voltado para o princípio da especificidade. Esse princípio compreende o treinamento das capacidades (exigências) específicas da modalidade, como via metabólica predominantemente utilizada, grupos e ações musculares que participam do gesto esportivo, tipo de força, etc. (GUEDES JR., 2007). A força e a potência muscular, como capacidades físicas essenciais para um bom desempenho, não devem ser negligenciadas nesse período (polimento).

Com isso, pode-se concluir que a força em suas diversas manifestações é de suma importância para o desporto (natação), e que se deve sempre buscar novas estratégias para evitar a diminuição das capacidades físicas envolvidas. Uma dessas estratégias é o treinamento reduzido, inclusive na fase de polimento.

3.2. MUSCULAÇÃO PARA JOVENS ATLETAS

Colaboração: Prof. Cauê V. La Scala Teixeira

MARTIN (1977) apresenta uma definição generalizada de treinamento como sendo um processo que favorece alterações positivas de um estado (físico, motor, cognitivo, afetivo).

Para que isso aconteça de forma positiva na preparação física de nossos jovens atletas, devemos tomar cuidado com alguns mitos da saúde, como, por exemplo, o tema musculação para crianças.

Esse tema tem sido abordado intensamente pelos preparadores físicos, com o objetivo de melhorar o desempenho de nossos atletas.

Na área da saúde, observa-se uma grande discussão entre profissionais (professores de educação física, médicos, fisioterapeutas, etc.) sobre a aplicação ou não do treinamento de musculação para crianças e adolescentes. Devido a isso, muitos preparadores físicos negligenciam a musculação, pensando que assim estariam evitando possíveis prejuízos à saúde deste público. Até hoje, não há nenhum registro na literatura que aponte a musculação como maléfica à saúde, ou que observe prejuízos físicos às crianças, proibindo sua prática por parte dessa população. O que existe são recomendações de como se deve treinar uma criança e diversas publicações que reportam benefícios ao treinamento de musculação.

A *NSCA* (Associação Americana de Força e Condicionamento), citada por BALSAMO e SIMÃO (2005), recomenda exercícios de força (treinamento básico), que não excedam 20 a 40 minutos por sessão, duas a três vezes por semana, com um número de repetições por volta de 6 a 15, por, pelo menos, uma série.

Levando em consideração a negligência a essas informações, o esporte, principalmente o brasileiro, tende a perder com esse fato, fazendo com que os atletas se profissionalizem, mas sem apresentar experiência em treinamento de força. Isto é frequentemente observado, pois muitos destes atletas profissionais não apresentam coordenação motora para a realização de movimentos específicos da musculação, tendo como consequência o retardamento de uma possível *performance* em nível mundial.

Por essa razão, seria de suma importância que os atletas jovens (crianças e adolescentes) treinassem a musculação, enfatizando a aprendizagem motora, facilitando o trabalho dos preparadores físicos posteriores, tornando-se possível atingir o máximo de *performance* de seu atleta, quando adulto.

Aprendizagem motora, segundo FREY (1977), citado por WEINECK (2003), é o ato de capacitar o indivíduo ou atleta para ações motoras em situações previsíveis e imprevisíveis, para o rápido aprendizado e domínio de movimentos no esporte.

Quando o atleta se torna profissional, a cobrança de bons resultados faz com que a preparação física se torne um diferencial na disputa dos primeiros lugares. O atleta sem base em treinamento de musculação pode não atingir um nível de preparação física ideal, simplesmente pelo fato de alguns dos estados citados no início (físico, motor, cognitivo, afetivo) poderem apresentar diminuição neste aspecto.

Com isso, muitas capacidades físicas necessárias para um bom desempenho ficam impedidas de se manifestarem de forma ideal. Isso acontece pela negligência a algumas etapas no histórico de treinamento, sendo somente o treinamento propriamente dito capaz de reverter esse quadro.

O processo de desenvolvimento das capacidades físicas deve seguir uma sequência lógica: aprendizagem motora, ajustes articulares e musculares para hipertrofia, hipertrofia propriamente dita, força, potência e outras valências físicas específicas para cada desporto. Vale lembrar que todas essas etapas podem ser desenvolvidas com excelência por meio de treinamento de força (musculação), sendo que quanto mais cedo a aprendizagem motora for treinada, mais cedo também poderá ser observado o desenvolvimento das demais capacidades físicas.

Dessa maneira, podemos concluir que esses estados citados acima (físico, motor, cognitivo, afetivo) são primordiais para a formação de um atleta profissional, auxiliando, e muito, na obtenção do êxito esportivo. Sendo assim, todas as ferramentas de trabalho, inclusive a musculação, podem e devem ser utilizadas desde a infância. Vale lembrar que o conhecimento técnico e o bom senso são sempre fundamentais para a aplicação desses conceitos.

3.3. POTENCIALIZAÇÃO PÓS-ATIVAÇÃO (PPA)

Repetidas ativações no músculo esquelético resultam na potencialização pós-ativação (PPA) e na resposta de contração (MACINTOSH *et. al.*, 2000).

A PPA é a melhor atividade para requerer movimentos da força explosiva, tal como *sprints*, saltos, levantamento de peso, entre outras (FRENCH, KRAEMER, COOKE, 2003; HILFIKER, HUBNER, LORENZ e MARTI, 2007).

A primeira teoria sobre o assunto, segundo CHIU, *et al.*, 2003 e RIXON *et al.*, 2007, afirma que a PPA acontece com a utilização de cargas pesadas induzindo a um alto grau de estimulação do sistema nervoso central (SNC), resultando no aumento de recrutamento de unidades motoras e força que podem durar de 5 a 30 minutos após a pré-estimulação. Alguns atletas internacionais estão tendo que produzir *performance* de velocidade e força-velocidade o mais rápido possível, imediatamente após terem feito algumas contrações voluntárias máximas (GULLICH *et al.*, 1996).

A PPA pode ser definida como o aumento dos níveis de força depois de uma contração muscular máxima (BAUDRY STÉPHANE et.al, 2004) e é um fenômeno que ocorre com maior predominância em fibras musculares de contração rápida (IAN E. BROWN *et al.*, 1998), servindo para o aumento da *performance* muscular, especialmente em atividades envolvendo força e velocidade (HODGSON *et al.*, 2005).

Esse tipo de treinamento tem sido usado por atletas em busca de melhoria em seus rendimentos nas competições, por meio de uma melhor manifestação da força explosiva, mas ainda não se tem um consenso sobre a melhor metodologia para o acontecimento desse fenômeno, por ser também muito dependente da individualidade biológica.

Em termos práticos, a ideia é executar poucas séries de um exercício básico utilizando altas cargas (próximas de 100% da AVMD), alguns minutos antes da competição. Isso favoreceria uma potencialização do desempenho na competição, principalmente em atividades de potência. Na natação, por exemplo, consistiria na execução do exercício de agachamento, com as características de volume e intensidade citadas acima, alguns minutos antes da largada.

3.4. TREINAMENTO PLIOMÉTRICO – APLICAÇÃO PRÁTICA

O termo pliometria foi introduzido pelo treinador norte-americano Fred Wilt em 1975. Essa técnica tornou-se popular nos anos 60 e 70 e foi responsável pelo sucesso dos atletas do leste europeu na época (KUTZ, 2003). No mesmo período, os descobridores tinham o conhecimento dos benefícios, mas não sabiam explicar como isso acontecia. Com o passar dos anos, muita coisa foi descoberta e cada vez maiores são os benefícios conquistados por essa metodologia de treinamento em consequência do maior embasamento científico e experiência prática para a realização de um bom planejamento.

Mesmo com todos esses avanços da ciência do treinamento, ainda existem dúvidas no que diz respeito a volume e intensidade do treinamento pliométrico.

A primeira dúvida a ser discutida é a altura ideal dos saltos em profundidade com caixotes. Em seu livro, BARBANTI (1988) expõe uma tabela com os seguintes dados: segundo VERKHOCHANSKI (1967), a altura da queda deve de ser entre 75cm e 1,10m. Para KATSCHAJOV (1976), a altura ideal deverá ser de 80cm. KOMI *et al.* (1978) recomendam uma altura de 62cm. ASMUSSEN *et al.* (1974) preconizam uma queda de plinto de 40cm. A determinação da altura ideal do salto deve ser exatamente aquela que apresenta a maior impulsão vertical após o contato com o solo (BARBANTI, 1988). Já MOURA (1994) afirma que nem sempre as quedas que possibilitam os maiores saltos são as que provocam a maior produção de potência máxima. O atleta pode, mesmo com uma potência máxima menor, aumentar a duração de seu contato com o solo, aumentando com isso a impulsão total, portanto obtendo saltos maiores. Durante a realização de exercícios competitivos, no entanto, aumentos no tempo de contato não resultam em melhor desempenho, sendo na verdade prejudiciais. Com essas afirmações, qual seria a altura de salto ideal para se treinar pliometria?

Outra dúvida que a literatura nos deixa está relacionada à quantidade de saltos que poderá ser realizada em uma sessão de treinamento. Segundo BISANZ *et al.* (1983), citado por WEINECK (2003), o volume do treinamento em atletas avançados é de 3 a 5 séries de 6 a 10 repetições. DANTAS (2003) orienta um volume para atletas de alto rendimento de 6 a 10 séries com 8 a 10 repetições. MESÓN e RAMOS (2001) afirmam que o limite do exercício com saltos deve acontecer muito antes de o atleta se sentir cansado. O limite é determinado pela carga nos ligamentos e pela diminuição da capacidade do sistema nervoso central de manter o nível elevado da intensidade e da corrente dos estímulos motores.

Com todas essas afirmações, qual seria o volume ideal do treinamento interconectado com a intensidade (altura do salto)?

Na literatura, ainda se procura um consenso relacionado à quantidade de sessões de treinamento pliométrico que podem ser realizadas em um período de uma semana. A supercompensação de um trabalho de saltos poderá ocorrer em até 15 dias após o treinamento (individualidade biológica), dependendo de sua intensidade, dificultando a decisão da escolha da próxima data para aplicar o trabalho novamente. Algumas avaliações podem ajudar a minimizar esse possível efeito negativo da não ocorrência da supercompensação, como desempenho no teste de salto vertical, muito utilizado na equipe de voleibol do Santos F. C.

É fácil prescrever esse tipo de treinamento? Na literatura sim, mas na prática não é tão simples como propõem alguns livros. Sendo assim, uma biblioteca recheada não é o único requisito para obtenção do sucesso no treinamento desportivo. A experiência prática, e muitas vezes o método de "tentativa e erros/tentativas e acertos", tornam-se requisitos básicos para levar ao êxito.

Portanto, deve-se enfatizar a importância de manter o menor tempo de contato possível com o solo após a queda do plinto e prolongar o treinamento até pouco antes da instalação da fadiga, ou seja, até o momento em que o atleta ainda consegue manter o mínimo de tempo possível em contato com o solo.

3.5. TREINAMENTO VIBRATÓRIO

Percebe-se, atualmente, um grande aumento na quantidade de estudos voltados a descobertas de possíveis benefícios relacionado ao treinamento vibratório.

Esse tipo de treinamento voltado para o aumento de força, segundo ZATSIORSKY e KRAEMER (2008), é realizado através de estímulos de uma cadeia cinemática induzindo oscilações que se propagam pelos músculos perpendiculares à direção longitudinal das fibras musculares.

Existem dois métodos para a aplicação de vibração no corpo humano. Um dos métodos ocorre por meio de um estímulo vibratório sobre o ventre muscular, ou tendão do músculo que está sendo treinado, ou estímulos em que o indivíduo realiza exercícios sobre uma plataforma vibratória (vibração de corpo todo).

As variáveis que determinam a intensidade são a frequência e a amplitude da vibração. O movimento oscilatório determina a amplitude da vibração, que é o deslocamento da plataforma de apoio (medido em milímetros) (GUEDES JR. *et al.*, 2008). As repetições dos ciclos de oscilações determinam a frequência da vibração (medida em hertz-Hz). Essa frequência pode ser de 25 a 45 Hz (DELECLUSE *et al.*; 2003; HUMPHRIES *et al.*; 2004; VERSCHUEREN *et al.*; 2004).

Muitos estudos, como, por exemplo, os de BOSCO *et al.* (1998); BOSCO *et al.*, (1999) e COCHRANE *et al.* (2005), observaram melhorias da potência muscular depois de sessões de treinamento vibratório.

Porém, há uma escassez de estudos que apliquem essa metodologia de treinamento em nadadores. Para os interessados no assunto, eis aí um bom campo para pesquisas futuras.

3.6. SUPLEMENTAÇÃO DE CREATINA EM NADADORES

Com o passar dos anos, o esporte está cada vez mais competitivo, fazendo com que pequenos detalhes se tornem o grande diferencial para a conquista do lugar mais alto do pódio.

Esse diferencial torna-se positivo de acordo com o planejamento adotado pelo treinador como, por exemplo, o treinamento específico da modalidade, treinamento de força e por muitas vezes estratégias ergogênicas, como a suplementação alimentar esportiva.

Na natação, um suplemento que muitos acreditam que pode promover efeitos benéficos é a creatina, sendo que a depleção dessa substância em nossa musculatura pode estar relacionada entre as principais limitações para o desempenho, principalmente, relacionado à potência e força muscular. De acordo com a literatura, creatina é uma substância que aumenta a massa muscular e pode ajudar no fornecimento de energia e na recuperação após exercícios de alta intensidade.

Ainda não há consenso em definir a quantidade ideal do consumo de creatina para o aumento da *performance*. Porém, a dose usual se baseia no que é mais encontrado na literatura, sendo a administração de 20 gramas diárias de creatina na fase chamada de "saturação" (aproximadamente 5 dias) e 5 gramas diárias na fase chamada de "manutenção" (após o período de saturação).

Estudos mostram controvérsias em seus resultados por meio dessa tal estratégia, pois se acredita que indivíduos sedentários ou atletas amadores apresentam melhores resultados quando comparados com atletas de elite. Em um estudo que utilizou suplementação de creatina em nadadores, foi observada uma redução significativa do lactato sanguíneo em alguns momentos do teste de *performance*, mas não houve nenhuma melhora nos tempos de natação (MENDES, 2006). Em contrapartida, estudo conduzido por DOBGENSK (2007) observou melhora no tempo dos 100 metros do nado livre e redução significativa do lactato sanguíneo, tendo como diferença a administração de maltodextrina complementando a suplementação, substância que pode maximizar sua absorção.

Outro possível fator que acontece com a suplementação com este substrato é o aumento do peso corporal do atleta, devido ao aumento da retenção hídrica. Dessa forma, o atleta, caso não tenha o tempo ideal para o ajuste do novo peso corporal, pode apresentar prejuízos em decorrência da suplementação, salientando que a maioria dos nadadores só utiliza essa substância do meio para o final da fase de polimento, fase que, segundo BOMPA (2002), serve para treinar especificamente para uma competição importante, remover a fadiga e facilitar a ocorrência da supercompensação, por meio de um decréscimo das cargas de treinamento. Por fim, isso deixa dúvidas aos ajustes do atleta referente ao ganho de peso e possíveis benefícios e prejuízos na supercompensação.

Portanto, mais estudos devem ser realizados, principalmente utilizando a suplementação em diversos períodos do treinamento (período básico, período específico, período de polimentos, etc.) para oferecer parâmetros aos profissionais quanto ao melhor período para sua aplicação, e se realmente é benéfica.

3.7. PERIODIZAÇÃO DE TREINAMENTO – TEORIA *VS* PRÁTICA

Quando o assunto é *performance*, logo pensamos em planejamento, ou seja, periodização de treinamento. Periodização, segundo DANTAS (2003), citado por OLIVEIRA *et al.* (2005), é o planejamento geral e detalhado do tempo disponível para o treinamento, de acordo com os objetivos intermediários perfeitamente estabelecidos, respeitando-se os princípios científicos do exercício desportivo.

Para que esse planejamento seja um fator positivo para a *performance* dos atletas, os preparadores físicos devem observar um importante fator que é a metodologia da periodização escolhida. Atualmente, encontramos na literatura específica metodologias para um, dois ou mais picos de forma física em um macrociclo anual, portanto, há muita oferta de informação.

Ao escolher o modelo de periodização, esquecemos, por muitas vezes, de observar se ele se adapta ao esporte praticado, como também ao biotipo do atleta, idade, histórico geral, etc. Portanto, podemos afirmar que essas considerações individuais citadas acima (individualidade biológica) devem se tornar o fator decisivo para a escolha do modelo de periodização a ser adotado, proporcionando assim uma maior contribuição para o esporte.

Os modelos clássicos de periodização de treinamento presentes na literatura (VERKHOSHANSKI e MATVEEV), pela sua característica pouco flexível, muitas vezes são pouco aplicáveis a determinados atletas ou modalidades esportivas. Tendo em vista essas limitações, recentemente novos modelos de periodização são propostos na literatura, como é o caso do modelo de periodização ondulatória. Esse modelo é mais flexível por permitir que os seus aplicadores mesclem as capacidades físicas a serem treinadas ao longo da temporada, de acordo com as suas necessidades, não necessariamente seguindo uma ordem de aplicação sugerida pelos autores.

Porém, mesmo com tantos modelos de periodização de treinamento propostos, flexíveis ou não flexíveis, todo o trabalho pode ser prejudicado quando não se conhece suficientemente o seu principal instrumento de trabalho, ou seja, o seu atleta.

Partindo desse contexto, o princípio da individualidade biológica, ou seja, o profundo conhecimento (*feeling*) sobre o seu atleta pode ser considerado o fator-chave para elaboração do programa de treinamento. Pouco ou nada adianta a aplicação do "melhor" sistema de treinamento, quando ele não proporciona as "melhores" respostas no atleta.

Sendo assim, os principais fatores a serem considerados serão as respostas do atleta quanto aos níveis de volume, intensidade e descanso.

A literatura específica nos oferece muitas informações sobre volume e intensidade ideais de treinamento para diversas capacidades físicas e modalidades esportivas. Porém, pouca oferta de informação é observada quando nos referimos aos períodos ideais de descanso.

Sabemos que, dentre os princípios de treinamento, o objetivo principal sempre será a supercompensação das capacidades físicas.

Para determinada combinação de volume/intensidade, um determinado período de supercompensação será requerido, sendo que ele, provavelmente, diferirá de indivíduo para indivíduo. Podemos chamar esse período de supercompensação individualizada. Esse conceito pode ser observado, na prática, em atletas de natação, em que, no período pré-competitivo, há a necessidade da aplicação de um período prolongado de descanso, conhecido como polimento.

A determinação desse período é influenciada pela necessidade individualizada de descanso (supercompensação individualizada). O desconhecimento das necessidades individuais dos atletas pode levar à aplicação erronia desse período, com consequente prejuízo ao trabalho e à *performance*.

Podemos concluir, então, que o conhecimento sobre o seu atleta e suas respectivas necessidades torna-se tão importante quanto o conhecimento técnico (teórico), e faz-se necessária a aplicação desses fatores de forma combinada fundamental para o sucesso.

Além disso, o descanso deve estar sempre presente, seja qual for o modelo de periodização adotado.

Exemplo de periodização modificada respeitando a individualidade e as condições do atleta

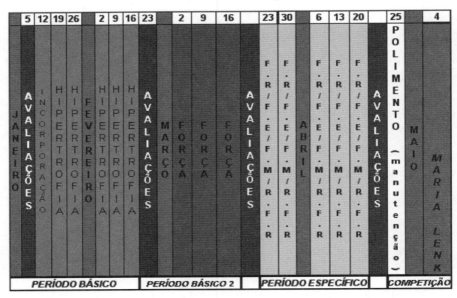

F.R – Força rápida. F.E – Força explosiva/Força máxima/Resistência de força rápida.

Neste exemplo de periodização, o atleta necessitava de maior massa muscular para ajudar no ganho de força, que treinaria nos períodos seguintes. Nesta ocasião, foi observado melhora nos tempos da prova de 50 metros, acompanhando o ganho de força no teste de força máxima. Sendo assim, esse fato nos levou a crer que a força muscular baixa estava comprometendo seu rendimento nas provas de velocidade.

3.8. AVALIAÇÃO FÍSICA

O objetivo dessa abordagem não é citar quais avaliações se deve fazer com atletas de alto rendimento, atletas de academia, ou pessoas que praticam exercício físico somente para o bem-estar, mas sim dar a ideia de algumas estratégias que podem ajudar na hora da escolha de qual avaliação deve ser feita com esse público.

Uma das formas indiretas do preparador físico para saber se seus treinamentos estão no caminho certo ou provar para seu atleta que suas capacidades físicas melhoraram e que a derrota pode ter ocorrido devido a outro fator (psicológico, por exemplo) dá-se por meio da realização da avaliação física. Sendo assim, avaliação é definida por MORROW *et al.* (1995) citado por PITANGA (2005) como um processo de tomada de decisões que estabelece um julgamento de valor sobre a qualidade de algo que se tenha medido.

Para que a avaliação tenha seu devido valor, o profissional do desporto (técnico, preparador físico) terá que analisar alguns detalhes importantes.

A escolha da avaliação é de suma importância para a prescrição do treinamento, mas por muitas vezes essa escolha é feita de forma equivocada como, por exemplo, um nadador fazendo teste de VO_2 máximo na esteira, ou um jogador de voleibol fazendo um teste de velocidade de 100 metros.

Na visão desportiva, a avaliação deve ser elaborada de acordo com suas necessidades específicas e possíveis descansos entre as avaliações, como, por exemplo, realizar o teste T-30 e logo em seguida realizar um teste de força dentro da água. Com essa escolha, tendemos a piorar o rendimento no teste de força dentro da água, devido à recuperação inadequada para sua realização, obrigando o treinador a encaixar em momento mais propício essa avaliação.

Outra questão a ser desenvolvida, além dessas peculiaridades, é qual protocolo de avaliação a ser escolhido. O importante mesmo é aplicar protocolos específicos para o público-alvo.

Sabe-se que equipamentos ideais desportivos são escassos em nosso país, pelo menos para a realidade da maioria dos atletas, por isso o importante é a criatividade da comissão técnica para tal tarefa, qualificando sua prescrição de treinamento e adquirindo mais dados para amostras de que o trabalho do treinador deu certo, independentemente do resultado.

Portanto, o importante é avaliar e reavaliar utilizando sempre o mesmo protocolo, a fim de possibilitar um comparativo fidedigno.

3.9. TREINAMENTO FUNCIONAL E *CORE TRAINING*

Colaboração: Prof. Cauê V. La Scala Teixeira

3.9.1. TREINAMENTO FUNCIONAL – UM BREVE HISTÓRICO NO BRASIL

Treinamento funcional é um termo relativamente novo que vem invadindo o cenário da atividade física e se tornando uma "febre" entre profissionais e adeptos do meio.

Quando se escuta o termo "treinamento funcional", a mente de muitos indivíduos pensa em uma pessoa fazendo exercícios esquisitos sobre uma bola suíça ou outros equipamentos instáveis. Não que esses equipamentos não sejam instrumentos eficientes para aplicação desse conceito, mas restringir o treinamento funcional à instabilidade é limitar um campo ilimitável.

A palavra funcional nos transmite a ideia de função. Portanto, qualquer tipo de treinamento que melhore determinada função pode ser classificado como um treinamento funcional. Sendo assim, apesar de ser um termo relativamente novo, seu conceito já é aplicado há muito tempo, porém sem a referida nomenclatura.

> *Função: Relativo às funções vitais; em cuja execução se procura atender, antes de tudo, à função, ao fim prático.* (MICHAELIS, 2009)

As funções vitais são aquelas exigidas rotineiramente no cotidiano das pessoas, a fim de proporcionar independência funcional. Os atos de caminhar, correr, saltar, agachar, puxar e empurrar são bons exemplos de funções vitais.

Para desempenhar tais funções com eficiência, um indivíduo deve dispor de certo nível de condicionamento físico. Tal nível de condicionamento físico geral é influenciado pelo condicionamento de cada um dos componentes citados abaixo:

- Força muscular (máxima, de resistência, rápida);
- Condicionamento cardiorrespiratório;
- Flexibilidade;
- Equilíbrio;
- Agilidade;
- Velocidade.

O desempenho individual de cada componente contribuirá parcialmente para o desempenho final de uma dada atividade, ou seja, o desempenho de uma função vital (andar, saltar, etc.) dependerá de uma integração de todos ou da maioria dos componentes citados acima.

As modalidades comuns de exercícios físicos, em sua maioria, são específicas para o desenvolvimento das capacidades físicas que se propõem. Por exemplo, indivíduos que treinam isoladamente a flexibilidade podem observar grande melhora nessa capacidade física, porém, pouca ou nenhuma melhora em outros componentes (ex.: força, agilidade, etc.).

Pensando nisso, estudiosos da educação física, com o passar dos anos e ao perceberem essas limitações da prática isolada de determinadas modalidades de exercício físico, propuseram uma metodologia de treinamento que visa contemplar, ao máximo, as capacidades físicas essenciais, exigidas tanto nas atividades cotidianas como nas atividades esportivas, pois essas situações, como já mencionado, são dependentes da atuação mútua e simultânea de diversas capacidades. Essa metodologia é conhecida atualmente como treinamento funcional.

Segundo D'ELIA (2008), pioneiro no treinamento funcional no Brasil, uma pessoa que é submetida a tal treinamento torna-se tão forte quanto rápida, tão flexível quanto coordenada e tão resistente quanto equilibrada.

Sendo assim, o treinamento funcional visa ao desenvolvimento do corpo como um todo, ou seja, o corpo humano é tratado como uma unidade. A tabela abaixo cita as principais diferenças entre o treinamento funcional e o treinamento tradicional:

Diferenças entre o treinamento tradicional e o funcional

Treinamento Tradicional	Treinamento Funcional
Isolado	Integrado
Rígido	Flexível
Limitado	Ilimitado
Uniplanar	Multiplanar

Fonte: MONTEIRO e EVANGELISTA (2009).

Para tanto, D'ELIA (2008) afirma que uma avaliação completa é um pré-requisito fundamental, pois somente por meio desse procedimento serão detectadas as reais necessidades do indivíduo, o que possibilita o desenvolvimento de um treinamento que seja de fato funcional para tal pessoa, trabalhando sobre os seus pontos fracos a fim de equilibrá-los com seus pontos fortes.

Após sua introdução no Brasil, o treinamento funcional difundiu-se por diversas vertentes, o que ampliou o número de profissionais e praticantes envolvidos.

Atualmente, podemos observar diversas atividades que se baseiam nos princípios propostos pelo treinamento funcional, porém com algumas particularidades que direcionam a atividade a enfatizar algum ponto em específico.

Entretanto, um ponto fundamental do treinamento funcional e, por conseguinte, comum em todas as metodologias propostas no mercado, é a preocupação com o treinamento e desenvolvimento da região central do corpo, ou seja, o *core*. Esse tema será abordado nas páginas que se seguem.

3.9.2. *CORE TRAINING* – UMA VERTENTE DO TREINAMENTO FUNCIONAL

Conforme já mencionado, o treinamento da região central do corpo é um ponto comum entre todas as propostas de treinamento que têm por base o aprimoramento da funcionalidade do ser humano.

Especialistas consideram que seja necessário, em primeiro lugar, fortalecer o centro para depois mobilizar as extremidades. Sendo o tronco a região central que serve de conexão entre os membros (extremidades), é cabível afirmar que uma região central fortalecida e estabilizada servirá como base de suporte para a execução dos movimentos dos membros de maneira eficiente (BOMPA e CORNACCHIA, 2000).

ANDERSON e BEHM (2005) salientam que a estabilidade do tronco é algo identificado como crucial para o equilíbrio dinâmico de todo o corpo.

Em contrapartida, um pobre desenvolvimento da região pode representar um sistema de suporte deficiente para o trabalho intenso de braços e pernas (BOMPA e CORNACCHIA, 2000).

Pensando nisso, desenvolve-se uma metodologia de treinamento denominada *core training* ou treinamento do centro ou núcleo. Entende-se por *core* toda a região central do corpo, compreendendo as regiões lombar, pélvica e quadril.

> **Core: centro, núcleo**

A estabilidade do *core* ou *core stability* é compreendida na literatura de medicina do esporte como a capacidade de controle motor e produção muscular (força) do complexo lombo-pelvico-quadril (LEETUN *et al.*, 2004).

Os músculos do *core* são os principais responsáveis pela manutenção de uma postura adequada dessa região, seja estática ou dinâmica, sendo que as duas situações são vivenciadas nas atividades cotidianas e esportivas. Portanto, seu treinamento faz-se necessário para manutenção da saúde postural, evitando possíveis lesões e auxiliando no desempenho nas atividades.

Músculos do *core*

Local primário	Local secundário	Global
Transverso abdom.	Oblíquo interno	Reto abdominal
Multífudo	Fibras mediais do oblíquo externo	Fibras laterais do oblíquo externo
	Quadrado lombar	Psoas maior
	Diafragma	Eretor da espinha
	Assoalho pélvico	Iliocostais (torácico)
	Iliocostais e longuíssimo (lombar)	

Fonte: FARIES e GREENWOOD (2007).

Os músculos mais superficiais do *core* são responsáveis pela execução de movimentos mais amplos e grosseiros (músculos globais).

Sendo assim, o fortalecimento desse tecido torna-se mais simples e pode apresentar bastante êxito por meio de exercícios tradicionais como flexões, extensões e rotações da coluna e flexões, extensões, aduções e abduções do quadril, por exemplo.

Já a musculatura intrínseca envolve as estruturas articulares e tem por função, de forma generalizada, estabilizar e executar pequenos movimentos, além de fornecer proteção a essas estruturas, absorvendo certa parte das sobrecargas que as atingiriam. Pela sua localização mais profunda, o trabalho dessa musculatura torna-se um pouco mais complexo, o que requer algumas ferramentas adicionais (músculos locais).

Ambos, músculos locais e globais, agindo em sincronia, auxiliam na estabilidade da região (*core stability*).

Características dos tipos de músculos

Local	Global
Profundos	Superficiais
Aponeuróticos	Fusiformes
Mais fibras de contração lenta – tipo I	Mais fibras de contração rápida – tipo II
Ativados em atividades de *endurance*	Ativados em atividades de força e potência
Pobre recrutamento, podem ser inibidos	Preferencialmente recrutados
Ativado com baixas resistências (30-40% força máxima dinâmica)	Ativados com cargas mais altas (>40% força máxima dinâmica)

Fonte: FARIES e GREENWOOD (2007).

Estudos recentes sugerem que o uso da instabilidade, de forma controlada, como ferramenta de trabalho durante os exercícios é um fator importante para ativação de toda musculatura dessa região (ANDERSON e BEHM, 2005; MARSHALL e MURPHY, 2005).

MARSHALL e MURPHY (2006) compararam por eletromiografia de superfície a ativação dos músculos abdominais durante a realização do exercício supino em duas condições: sobre o banco ou sobre a bola. Os resultados mostraram que a realização do exercício sobre a bola, em consequência da instabilidade provocada pelo instrumento, contribuiu para uma maior ativação dos músculos abdominais, ocorrendo em maior escala nos músculos transverso e oblíquo interno (locais).

NORWOOD et al. (2007), em estudo semelhante, analisaram ativação dos músculos reto abdominal, oblíquo interno e eretor da espinha (dentre outros) durante a execução do exercício supino em quatro condições, sendo que da primeira à quarta, o grau de instabilidade aumentava. Os autores observaram aumento significativo na ativação dos músculos do *core*, conforme aumentava o grau de instabilidade.

A ideia da utilização da instabilidade como ferramenta de trabalho baseia-se em um princípio biológico do treinamento conhecido como **adaptação geral**.

Segundo WEINECK (2000), na biologia, a adaptação é compreendida como uma reorganização orgânica e funcional do organismo, frente a exigências internas e externas. Em outras palavras, adaptação seria o ajustamento do organismo às condições (estímulos) a ele impostas ou ao seu meio ambiente (ZATSIORSKY e KRAEMER, 2008).

Segundo GUEDES JR. (2007), diante de um estímulo de maior grandeza que o habitual, o organismo experimenta uma situação de quebra de seu estado de equilíbrio dinâmico. Essa situação faz com que o organismo tente se ajustar ao estímulo, restabelecendo o equilíbrio dinâmico citado.

O exercício físico (treinamento) é entendido pelo organismo como uma dessas condições (estímulos) predisponentes a ajustes (adaptação). Esses ajustes ocorrem em âmbito morfológico (estrutural) e funcional. Sendo assim, torna-se cabível o uso da instabilidade durante o treinamento para gerar estabilidade. A instabilidade, portanto, é tida como um estímulo de maior grandeza que o habitual que quebra a condição de "equilíbrio" do organismo (desestabilização), fazendo com que ele se ajuste àquela situação, tornando-se mais estável (reestabilização).

Atualmente, o termo **aclimação** tem sido preferido por alguns autores para se referir aos ajustamentos do organismo frente ao treinamento, baseado no conceito da palavra "adaptação", que diz respeito às mudanças estruturais-funcionais biológicas ocorridas ao longo das gerações, apresentando-se de forma irreversível (PEREIRA e SOUZA JR., 2002).

Já as alterações proporcionadas pelo treinamento somente são vivenciadas caso haja regularidade e continuidade. Em caso de interrupção, todas as alterações são revertidas, portanto, denominadas ajustamentos. Tais alterações obedecem ao princípio da continuidade/reversibilidade.

Outro princípio biológico de treinamento que fundamenta a utilização da instabilidade é conhecido como princípio da **especificidade**.

De acordo com esse princípio, as adaptações frente ao treinamento são altamente específicas quanto ao gesto motor, grupos e ações musculares, amplitude de movimento articular, velocidade de execução e vias metabólicas predominantes. Assim sendo, o treinamento de força desenvolveria a força e a massa muscular nos grupos musculares treinados, bem como o treinamento aeróbio, a capacidade cardiorrespiratória para a atividade treinada (ZATSIORSKY e KRAEMER, 2008).

Seguindo a mesma linha de raciocínio, o treinamento com instabilidade seria uma excelente opção para desenvolver a estabilidade.

A especificidade, portanto, relaciona-se à transferência dos resultados do treinamento às atividades cotidianas ou esportivas (ZATSIORSKY e KRAEMER, 2008).

Partindo do princípio de que a instabilidade (situação de desequilíbrio) encontra-se presente em todas as situações cotidianas e esportivas, a sua utilização no ambiente de treinamento tem por finalidade aproximar, ao máximo, este último das situações vivenciadas no dia a dia, aumentando a possibilidade de transferência.

No entanto, se analisarmos o padrão das ações musculares na região do core, chegaremos à conclusão que durante a maioria das atividades que exigem a manutenção de uma postura considerada estática, seja ela cotidiana, laboral ou esportiva (essa última em menor escala), a predominância se dá pelas ações musculares isométricas (estáticas).

Portanto, levando em consideração o princípio da especificidade, o *core training* deve incluir também exercícios isométricos como complemento do trabalho.

Cabe ressaltar que as ações musculares isométricas não apresentam predominância no meio esportivo, estando o corpo sempre exposto a perturbações (instabilidade), mesmo que em pequena escala. Sendo assim, para o desenvolvimento do *core*, a instabilidade deve ser priorizada.

Vale lembrar que, para indivíduos iniciantes no treinamento, condições instáveis tornam o exercício mais complexo, o que dificultaria o aprendizado da correta técnica de execução. Portanto, é interessante adotar um esquema pedagógico de prescrição de exercícios, iniciando do mais simples até que se chegue ao mais complexo. Isso implica prescrição antecedente de exercícios estáveis, para então progredir para a execução de exercícios instáveis.

A fim de proporcionar um melhor entendimento sobre o contexto exposto, as páginas que seguem proporcionarão um suporte teórico sobre os aspectos fisiológicos relacionados à utilização da instabilidade.

3.9.3. ASPECTOS FISIOLÓGICOS DO *CORE TRAINING*

A justificativa para a utilização da instabilidade como ferramenta de trabalho para o desenvolvimento do *core*, bem como de outros segmentos corporais, se dá através das propriedades dos proprioceptores intramusculares, em especial do funcionamento do fuso muscular. Detalharemos este funcionamento baseado em informações de três obras clássicas da fisiologia do exercício: McARDLE *et al.* (1998), FOSS e KETEYIAN (2000) e POWERS e HOWLEY (2005).

3.9.3.1. FUSO MUSCULAR: ESTRUTURA E FUNÇÃO

O fuso muscular é um proprioceptor intramuscular disposto em paralelo com as fibras musculares e constitui, provavelmente, o tipo mais abundante de proprioceptor presente nos músculos. É encontrado em praticamente todos os músculos esqueléticos do corpo.

Tal receptor sensorial tem por função detectar variações no comprimento do músculo, fornecendo informações constantes ao sistema nervoso central (SNC). Mais especificamente, sua principal função consiste em responder ao estiramento (alongamento) imposto a um músculo e, por uma ação reflexa, iniciar uma contração mais vigorosa para reduzir esse estiramento.

Por apresentar função relacionada ao controle motor, os músculos que requerem um controle mais refinado de movimento, como, por exemplo, os músculos das mãos, possuem maior densidade de fusos (mais fusos por unidade de volume).

O fuso muscular possui um formato fusiforme – daí seu nome. É composto por fibras musculares finas e modificadas, denominadas **fibras intrafusais**. Essas fibras são revestidas por uma camada de tecido conjuntivo que se conecta ao tecido conjuntivo no interior do músculo.

Existem dois tipos de fibras intrafusais, que são classificadas quanto ao seu tipo:

- **fibras nucleares tipo bolsa**: apresenta bastante volume e numerosos núcleos compactados centralmente por todo o seu diâmetro. Existem habitualmente duas fibras desse tipo por fuso;

- **fibras nucleares em cadeia:** presas à superfície das fibras tipo bolsa. Geralmente são encontradas em quantidade de quatro a cinco por fuso.

As extremidades das fibras intrafusais apresentam proteínas contráteis (actina e miosina) apresentando, portanto, capacidade de contração. Já a porção central do fuso não é capaz de contrair-se (figura 7).

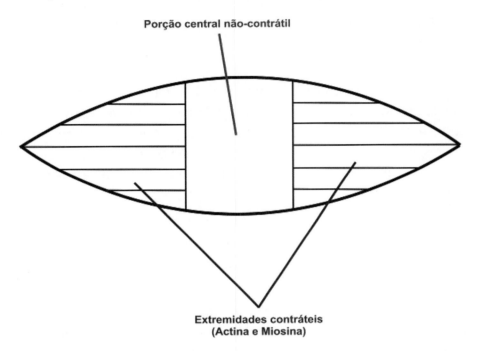

Figura 7: Fuso muscular

Essa disposição estrutural é responsável pela função sensorial do fuso (aferente), pois ao serem estimuladas, as extremidades do fuso se contraem, distendendo a região central, estimulando as vias sensoriais. Além disso, essa disposição garante que o comprimento do fuso acompanhe as alterações do comprimento muscular, sempre mantendo a função sensorial, evitando frouxidão intrafusal.

O fuso possui dois tipos de terminação nervosa sensorial:

- **nervo anuloespiralado** ou **terminação primária:** entrelaçada ao redor da porção central da fibra tipo bolsa. Responde às alterações dinâmicas do comprimento da fibra muscular;
- **nervo tipo raminho de flores** ou **terminação secundária:** faz conexão principalmente sobre as fibras em cadeia, mas também possui ligação com as fibras tipo bolsa. São menos sensíveis às alterações rápidas no comprimento da fibra, mas fornecem informações constantes ao SNC sobre o comprimento do músculo.

Além das vias sensoriais (aferentes), o fuso muscular apresenta uma via eferente composta por neurônios motores tipo gama. Esses neurônios inervam as extremidades das fibras intrafusais e são os responsáveis pela função contrátil do fuso.

3.9.3.2. INSTABILIDADE × FUSO MUSCULAR

O teste mais comum para analisar o reflexo de estiramento é o "teste do martelinho", muito utilizado por médicos. Nesse teste, o médico aplica um pequeno, porém inesperado, estiramento na musculatura do quadríceps, em decorrência de uma leve martelada sobre o tendão patelar. O martelo deforma o tendão, gerando um breve estiramento na musculatura. Esse estiramento é detectado pelo fuso muscular e a resposta é uma rápida extensão do joelho, como consequência de uma ação muscular concêntrica.

De forma sucinta, a martelada provocou um estiramento brusco e inesperado da musculatura, que foi respondido com uma ação muscular concêntrica. A instabilidade age da mesma forma.

O uso da instabilidade como ferramenta de trabalho serve para estimular as vias sensoriais do fuso, principalmente as terminações primárias, pois a instabilidade gera desequilíbrios que, por consequência, geram alterações bruscas e inesperadas no comprimento dos músculos. Essas alterações são percebidas e respondidas com contrações reflexas a fim de proporcionar a retomada do equilíbrio.

Nesse sentido, a instabilidade é entendida como uma "sobrecarga" (estímulo) para o organismo e, portanto, gera adaptação. Porém, para que se obtenha êxito, essa sobrecarga deve ser dosada de maneira adequada e progressiva. Essa utilização deve respeitar o princípio da **sobrecarga progressiva**, que afirma que a aplicação da sobrecarga deve ser aumentada gradativamente, da mais leve à mais intensa, de acordo com a capacidade adaptativa do indivíduo.

3.9.4. APLICABILIDADE DO *CORE TRAINING* NA NATAÇÃO

Evidências recentes sugerem que um controle neuromotor prejudicado na região do tronco é um fator predisponente a lesões na coluna vertebral e, consequentemente, dor na região lombar (ZAZULAK *et al.*, 2008; RENKAWITZ *et al.*, 2006).

Estudo conduzido por HODGES e RICHARDSON (1998) confirmou esta ideia após observar que há indícios de alteração no controle postural do tronco em pessoas que sofrem de lombalgia. Os autores, após analisarem a atividade elétrica dos músculos do tronco (*core*) durante movimentos de membros inferiores, concluíram que nos indivíduos controle (sadios), a atividade de tais músculos precedia os movimentos, contribuindo para o controle postural da região, fato não observado em indivíduos com lombalgia.

ZATSIORSKY e KRAEMER (2008) resumem o assunto no trecho abaixo:

> *"... Lesões nas costas também podem ser provocadas por ineficiência no controle motor, quando os músculos que estabilizam o tronco são ativados tardiamente."*

Esse atraso na ativação contribui para uma sobrecarga inadequada nas estruturas não-contráteis da região (ossos, ligamentos, etc.), o que pode desencadear lesões. Além disso, a manutenção postural da região fica dependente, nos primeiros instantes, de músculos não especializados nesta função (globais), abdicando do sincronismo neuromuscular ideal.

Em atletas de natação, segundo estudo que observou a incidência de lesões traumato-ortopédicas em atletas paraolímpicos brasileiros (VITAL *et al.*, 2007), as lesões lombares ocupam o segundo lugar no *ranking* de ocorrências, acometendo 38,9% dos nadadores, perdendo apenas para as lesões de ombro, que incidiram em 44,4% da amostra. Apesar de tratar-se de atletas paraolímpicos (com algum tipo de deficiência), o alto índice de lesão lombar sugere que esse tipo de lesão seja proporcionado pelo treinamento da modalidade e não pela deficiência.

As lesões lombares na natação podem estar relacionadas ao uso excessivo, tendo em vista que essa região corporal é movimentada constante e repetidamente em todos os principais estilos de nados.

Análise biomecânica dos movimentos da coluna lombar nos quatro principais estilos de nado

Estilo	Movimentos da coluna lombar
Crawl (livre)	Rotação bilateral (acompanhando as batidas das pernas) e hiperextensão (no momento da respiração)
Costas	Rotação bilateral (acompanhando as batidas das pernas)
Peito	Flexão (acompanhando a "pernada") e hiperextensão (acompanhada a "braçada")
Borboleta	Hiperextensão e flexão (acompanhando as batidas das pernas nas golfinhadas)

Levando em consideração as referências supracitadas, tendo em vista que o destreinamento da musculatura do *core* pode contribuir para o aparecimento de lesões lombares devido ao retardo da ativação de sua musculatura profunda, quando exigida, e que atletas de natação apresentam alta incidência de lesão lombar, podemos concluir que o *core training* é altamente aplicável na natação e pode contribuir para a diminuição dos índices de lesão, assim como observado por VITAL *et al.* (2007) (ver página 83).

MANSOLDO e NOBRE (2007) avaliaram a postura de nadadores velocistas do estilo borboleta. Pelos resultados, os autores verificaram ocorrência de escoliose (desvio lateral da coluna), desalinhamento do ângulo inferior da escápula, glabela desalinhada, gibosidade à direita, assimetria do ângulo de Tales, tendência à postura cifótica (hipercifose torácica), assimetria de quadril e membros inferiores.

Os autores destacam que alterações posturais são consideradas problema de saúde pública, haja vista sua grande incidência na população e suas consequências como a incapacidade temporária ou definitiva das atividades. Como podemos perceber, grande parte dos desvios observados no estudo estão localizados na região do *core*.

A aplicação do *core training* nos atletas de natação pode auxiliar no tratamento ou no prevenção dos desvios posturais, bem como evitar possíveis incapacidades funcionais que prejudiquem o desempenho na modalidade.

Outro aspecto importante que justifica sua aplicação a nadadores é o fato da obrigação por parte dos atletas em manter uma postura hidrodidâmica constante.

A posição hidrodinâmica ideal seria aquela que proporciona menos atrito com a água, permitindo um maior deslizamento do atleta, consequentemente uma maior eficiência com um menor gasto energético. Com base nisso, acredita-se que a posição hidrodinâmica ótima é tida quando o corpo posiciona seu corpo próximo a uma linha horizontal reta.

Para que isso ocorra com sucesso, MANSOLDO (2006) afirma ser necessário um pleno conhecimento do corpo (consciência/percepção corporal) por parte do nadador.

As forças externas que agem sobre o corpo do nadador, principalmente a resistência da água e as correntes geradas pelos movimentos do próprio nadador e dos outros nadadores adversários, tendem a desequilibrar este corpo prejudicando a posição hidrodinâmica.

Portanto, o trabalho do *core* torna-se fundamental para auxiliar na manutenção dessa postura e a utilização da instabilidade se torna uma ferramenta que pode ser utilizada com bastante êxito no trabalho de propriocepção e conscientização corporal, tendo em vista que esta é vivenciada constantemente na modalidade (princípio da especificidade).

3.9.5. INSTABILIDADE × DESEMPENHO

A instabilidade, além de proporcionar ótimos resultados para o trabalho do *core*, pode ser utilizada também no treinamento de outros seguimentos a fim de proporcionar a melhora no desempenho esportivo.

O simples desenvolvimento das estruturas do *core* já pode interferir de forma positiva nesse aspecto, tanto melhorando o desempenho, auxiliando na manutenção de uma postura hidrodinâmica, por exemplo, como também prevenindo lesões e contribuindo para uma maior vida útil do atleta.

No entanto, pesquisadores da área do desempenho esportivo desenvolveram mais estudos a fim de descobrir outros possíveis benefícios associados ao uso da instabilidade no treinamento.

MAIOR *et al.* (2006) compararam a variabilidade do grau de força muscular (teste de 10RMs) antes e após treinamento resistido em duas situações: estável e instável. Os indivíduos realizaram o exercício de agachamento no *Smith Machine* em condição estável, sobre o solo, e em condição instável, sobre plataforma de instabilidade.

O resultado do estudo mostrou que o grupo que treinou com instabilidade apresentou maior aumento na produção de força quando comparado ao grupo que treinou em condição estável.

Os autores concluíram que o treinamento com instabilidade gera aumento na produção de força pela adaptação neural, habilidade de maior coordenação do movimento e estabilização. Sendo assim, indivíduos treinados com instabilidade apresentam capacidade aumentada de ativação das unidades motoras e coordenação intra e intermuscular em comparação com indivíduos treinados sem instabilidade, aumentando o desempenho físico e reduzindo o risco de lesões.

Na natação, como na maioria das modalidades esportivas, há alta exigência da capacidade física e força em suas diversas manifestações (rápida, de resistência). Se levarmos em consideração o movimento de saída do bloco, a dependência da força em sua manifestação rápida (ou explosiva) é muito alta. A força rápida, por sua vez, é dependente da capacidade de produção de força total. Portanto, se há aumento na produção de força total (como observado no estudo citado acima), provavelmente há aumento também na força rápida e possivelmente observa-se uma melhora na saída do bloco, haja vista que a força rápida se dá pela multiplicação da força gerada pela velocidade de execução.

No entanto, isso é apenas uma hipótese com base em associação de conceitos fisiológicos, portanto, não suficiente para se autoafirmar. Sendo assim, bem como citado por MAIOR *et al.* (2006), os benefícios do treinamento de força com instabilidade ainda necessitam de pesquisas para melhor fundamentação, sendo este um bom campo de estudo para pesquisadores interessados.

3.9.6. EXERCÍCIOS PARA O *CORE TRAINING*

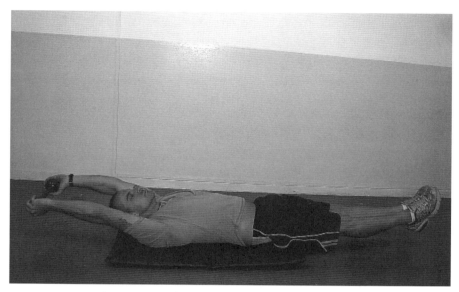

Figura 8: Fortalecimento estático de cadeia anterior em decúbito dorsal (nível: iniciante)

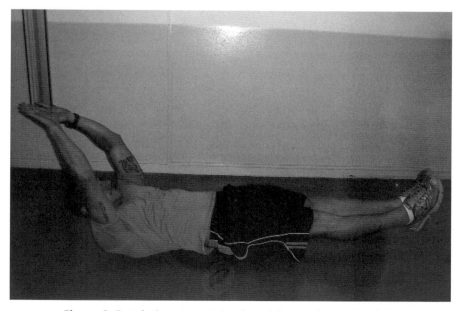

Figura 9: Fortalecimento estático de cadeia anterior em decúbito dorsal sobre disco de equilíbrio (nível: intermediário/avançado)

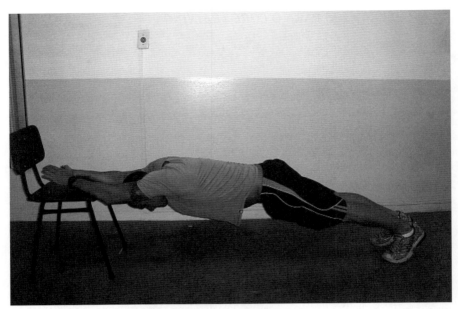

Figura 10: Fortalecimento estático de cadeia anterior em prancha ventral (nível: avançado)

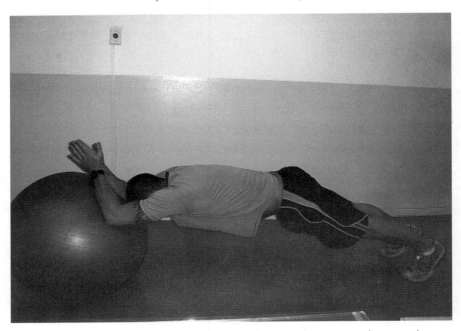

Figura 11: Fortalecimento estático de cadeia anterior em prancha ventral com apoio dos membros superiores sobre a bola suíça (nível: avançado)

Figura 12: Fortalecimento estático de cadeia anterior em prancha ventral com apoio da extremidade inferior sobre a bola suíça (nível: avançado)

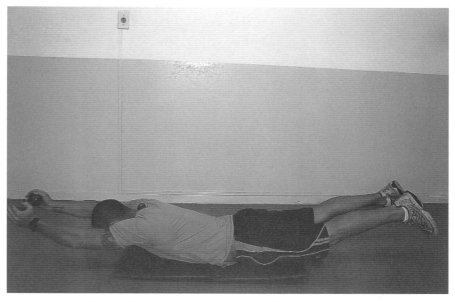

Figura 13: Fortalecimento estático de cadeia posterior em decúbito ventral (nível: iniciante)

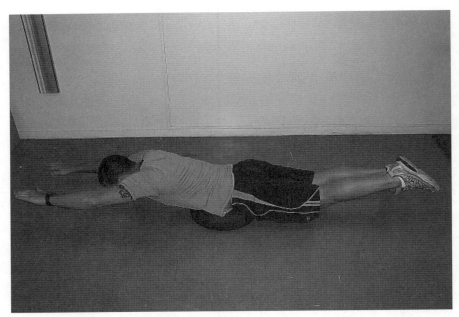

Figura 14: Fortalecimento estático de cadeia posterior em decúbito ventral sobre disco de equilíbrio (nível: intermediário/avançado)

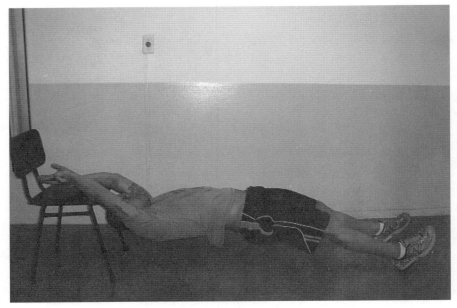

Figura 15: Fortalecimento estático de cadeia posterior em prancha dorsal (nível: avançado)

Figura 16: Fortalecimento dinâmico dos rotadores do tronco. Rotação de tronco com apoio da extremidade inferior sobre bola suíça (nível: avançado)

3.10. LESÕES MUSCULOESQUELÉTICAS EM NADADORES DE ALTO RENDIMENTO

Colaboração: Profª. Kety Magalhães Konda

O esporte sempre foi associado com saúde, melhora da qualidade de vida e outros benefícios associados ao bem-estar. Essa é uma das facetas do termo associado à sua prática como forma de lazer ou esporte participativo.

Quando se trata de alto rendimento, desassocia-se esse termo do seu componente lúdico. O esporte competitivo busca sempre o lugar mais alto do pódio, em que a frase: "o importante é competir" não passa de um consolo para os menos preparados. O atleta sempre está no seu limite fisiológico para que possa alcançar o desempenho máximo e a sua melhor *performance* em cada competição.

Toda modalidade esportiva nesse nível implica alta demanda de treinamento para obtenção do melhor resultado. Nessa situação, evidencia-se o risco de lesões.

As lesões esportivas acontecem devido a fatores extrínsecos e intrínsecos. Dentre eles, os desequilíbrios musculares, as colisões, a alta velocidade, o excesso de treinamento físico e a fadiga são as principais causas de lesões durante a prática esportiva. Além disso, fatores psicológicos como as características da personalidade do atleta em níveis de estresse e outras predisposições têm sido identificados como antecedentes psicológicos das lesões do esporte (ROBERT *et al.*, 1995). Essas situações impõem estresses às estruturas do sistema musculoesquelético, deixando o atleta mais propenso a lesões e interferindo diretamente no seu rendimento.

De acordo com WHITING e ZERNICKE (2009), "lesão é o dano sofrido pelos tecidos do corpo em resposta a um traumatismo físico", definição aplicável quando se trata de lesões musculoesqueléticas. Além disso, ela acontece quando a carga imposta ultrapassa a capacidade de suporte de carga de um tecido.

A lesão tem sua causa multifatorial, e o movimento é precedente a ela. No esporte a especificidade e a eficiência do movimento podem contribuir para a melhora do rendimento na modalidade, em contrapartida o excesso de repetições e as altas demandas de cargas sofridas pelo sistema musculoesquelético durante os treinamentos sobrecarregam tais estruturas, tornando-as mais suscetíveis a lesões. Outros autores também citam a síndrome do *overtraining* como umas das possíveis causas para o aumento da vulnerabilidade as lesões.

Nos esportes, as lesões nos membros superiores correspondem a 75% e a articulação do ombro é a mais afetada (CAVALLO, 1998). Na natação, grande parte das lesões é crônica, ou seja, repetidas cargas impostas a uma estrutura em longo prazo, característica que pode gerar um evento agudo. O gesto motor do esporte, o grande volume de treinamento, aliados à falta de fortalecimento específico das estruturas musculoesqueléticas locais, favorecem a alta incidência de lesões nesse esporte.

O primeiro estudo publicado sobre lesões em nadadores data de 1968. Nele, COUNCILMAN relatou a prevalência do acometimento das estruturas do ombro. A partir desse, outros estudos procuraram identificar a prevalência de lesões, suas características e fatores associados ao nado. Em estudos recentes citados no texto, o ombro aparece com alta incidência de lesões se comparado a outras regiões do corpo, tornando-o foco principal na discussão a seguir.

3.10.1. LESÕES DE OMBRO EM NADADORES DE ALTO RENDIMENTO

A articulação glenoumeral é caracterizada por apresentar a maior amplitude de movimento no corpo humano. O preço pago pela sua grande mobilidade é o comprometimento de sua estabilidade, fator fundamental para a função normal da articulação. Qualquer alteração nos seus mecanismos de estabilização pode levar à perda da congruência óssea e/ou contato entre as faces articulares (CURL, 1996), podendo ocasionar lesões e distúrbios no padrão motor da glenoumeral, sendo, por isso, a articulação que mais depende dos mecanismos de estabilização.

Suas estruturas estabilizadoras dividem-se em estáticas (cápsula articular, ligamentos, lábio glenoidal, geometria óssea e pressão negativa intraaricular) e dinâmicas (músculos do manguito rotador). Os músculos deltoide, peitoral maior, redondo maior, latíssimo do dorso, bíceps braquial e tríceps braquial atuam no movimento da glenoumeral e também podem agir como estabilizadores secundários em várias situações; da mesma maneira, os músculos do manguito rotador atuam nos movimentos da articulação. O bíceps braquial age como um estabilizador anterior e a sua relevância se dá à medida que a articulação se torna mais instável devido à lesão das estruturas capsuloligamentares, tornando-se mais importante que os músculos do manguito rotador (ITOI *et al.*, 1994).

A natação competitiva implica alta demanda de intensidade e volume de treinamento, aproximando o atleta de seu limite fisiológico e psicológico. Tal situação, associada ao próprio gesto motor do esporte, impõe um alto grau de estresse nas estruturas articulares, ligamentares e musculares, predispondo ao desenvolvimento de lesões, principalmente na região do ombro.

Pelas características estruturais, a glenoumeral é a região mais lesionada nos esportes de alto rendimento. Em esportes de arremesso, as lesões nos membros superiores ficam em torno de 75% e, desse total, a glenoumeral é a articulação mais afetada (EJNISMAN *et al.*, 2001). As braçadas da natação conceitualmente são movimentos de arremesso, caracterizado como um movimento balístico do membro superior, no qual o seu centro de massa ou objeto é propelido para fora do centro de massa do corpo, que apresenta características específicas em relação à intensidade e frequência de movimentos (EJNISMAN *et al.*, 2001). Na natação, de acordo com revisão de literatura, a incidência de lesões também é alta. Em estudo com 63 atletas de ambos os sexos, que utilizaram os serviços do departamento de reabilitação de um clube esportivo, foi relatado um total de 83 lesões durante o período da pesquisa. Concluiu-se que

49,4% das lesões acometiam a região do ombro, seguidos pela articulação do joelho (14,4%), cotovelo (12%) entre outras estruturas (tornozelo, região lombar e dorsal, perna, coxa e pé). E das lesões no ombro, 97,57% foram diagnosticadas como bursite ou tendinite (MELLO *et al.*, 2007). Em outro estudo realizado durante o Troféu Brasil de Natação 1998, foram avaliados 205 atletas e concluiu-se que, com relação ao histórico de lesões no ombro, 63% dos atletas responderam afirmativamente e 37% relataram não ter nenhum caso durante a sua vida esportiva. Já, ao diagnóstico de dor durante a competição, 20% deles relataram que sim e 80% não relatavam queixas atuais (EJNISMAN *et al.*, 2001).

As lesões levam à diminuição do rendimento esportivo ou afastamento do atleta e, em casos extremos, ao abandono da prática esportiva. O equilíbrio de forças entre as estruturas estabilizadoras dinâmicas, estáticas e músculos do úmero, somados aos músculos que movem a escápula, possibilita a estabilização da cabeça do úmero na cavidade glenoide, minimizando o risco de lesões no ombro.

Os desequilíbrios musculares crônicos, enfraquecimento muscular, movimentos repetitivos acima de 90° de abdução, instabilidade articular, hipovascularização, fadiga do manguito rotador, disfunção escapular, fortalecimento muscular em solo com cargas inadequadas, má técnica de nado e má relação entre força e flexibilidade muscular do ombro e estabilizadores da escápula são as causas prováveis de lesões, aumentando a importância do fortalecimento muscular das estruturas envolvidas e a inserção desse trabalho dentro de uma periodização, a fim de evitar estresse no ombro e queda no rendimento do atleta.

O manguito rotador, composto pelos músculos supraespinhal, infraespinhal, subescapular e redondo menor, é o mais importante estabilizador dinâmico da glenoumeral. Isso porque o ponto de inserção de seus músculos fixa-se na parte anterior, superior e posterior da cabeça do úmero, mantendo-a estável na cavidade glenoide e permitindo a liberdade de movimentos sem que haja deslocamento de sua cabeça. Parte das lesões do ombro está associada à fraqueza muscular nessa estrutura.

Como importante estabilizador dinâmico, o seu fortalecimento se torna imprescindível. Exercícios de rotação externa e interna realizados a 90° de abdução apresentam maior atividade eletromiográfica comparado aos realizados em 45° ou 0° de abdução (figuras 17, 18 e 19). O aumento da atividade ocorre, pois os músculos do manguito rotador são mais exigidos para estabilizar dinamicamente a articulação glenoumeral nessa posição (WILK *et al.*, 1997).

Figura 17: Rotação interna de ombros realizada a 90° de abdução

Figura 18: Rotação externa de ombros realizada a 90° de abdução

Figura 19: Rotação externa de ombros realizada a 0° de abdução

Não se pode pensar apenas no fortalecimento do manguito rotador e, sim, de toda a estrutura muscular que envolve as articulações da glenoumeral e escápulo-torácica, a fim de evitar desequilíbrios musculares. Além da especificidade do treinamento de força para os grupos musculares atuantes no gesto motor do esporte, exercícios para os músculos estabilizadores e sinergistas precisam ser inseridos no treinamento para melhorar o movimento global do nado e minimizar o risco de lesões.

Exercícios de fortalecimento realizados por meio do treinamento de força convencional associados a outros métodos de treinamento podem contribuir para prevenir ou evitar a reincidência de uma lesão.

O treinamento proprioceptivo, ou sensório-motor, costuma ser bastante utilizado no esporte. Propriocepção é a aferência de informações dos receptores proprioceptivos sobre o estado do próprio sistema e do ambiente ao seu redor, adquirindo o estímulo mecânico e fazendo a transdução em estímulos neurais e enviando ao Sistema Nervoso Central. Com essa informação, o sistema é capaz de organizar uma resposta rápida a uma perturbação, determinar a sua posição e distinguir entre movimentos autogerados ou impostos, podendo influenciar numa resposta motora. A resposta eferente a esse estímulo é a ativação inconsciente dos estabilizadores dinâmicos da articulação, denominada controle neuromuscular.

Após uma lesão musculoesquelética, esse mecanismo aferente/eferente fica alterado. A diminuição na propriocepção gera indiretamente alterações no controle neuromuscular, que, associado à instabilidade mecânica, leva à instabilidade funcional. A instabilidade funcional, consequentemente, predispõe a novas lesões e desta forma um ciclo de lesões se inicia (LEPORACE et al., 2009).

Com o treinamento específico, aumenta-se a estimulação da percepção relativa da posição do movimento articular, restauração do mecanismo de estabilização articular, recuperação da dinâmica articular e redução da probabilidade de reincidência das lesões (SOUZA, 2001).

Figura 20: Exemplo de exercício proprioceptivo para a articulação do ombro, com a utilização de um disco de equilíbrio

Além do treinamento proprioceptivo, a pliometria é outro método utilizado no meio esportivo. Estudos recentes relatam a pliometria como sendo utilizada não apenas na fase final do processo de reabilitação, como também na prevenção de lesões.

Exercícios pliométricos são definidos como aqueles que ativam o ciclo excêntrico-concêntrico do musculoesquelético, provocando a sua potencialização elástica, mecânica e reflexa. No indivíduo que realiza atividades com o ciclo alongar-encurtar, ocorre uma melhor sincronização da atividade muscular e miotática, aumentando a eficiência neural, corrigindo *déficits* proprioceptivos e melhorando o desempenho neuromuscular (DESLANDES *et al.*, 2003). A pliometria pode ser utilizada como um tipo de reeducação neuromuscular, e é um mecanismo de ajustes posturais e de ativação muscular necessário para proteger a articulação na maioria dos esportes, sendo utilizado na prevenção de lesões de atletas (HILLBOM, 2001).

O treinamento pliométrico, além de um método no processo de reabilitação de lesões, também é importante na sua prevenção, uma vez que um bom controle motor atua como um mecanismo protetor capaz de ativar as vias de estabilização reflexas – *feed forward* – ocasionando uma resposta motora veloz diante de forças ou traumas inesperados (ROSSI e BRANDALIZE, 2070).

É de suma importância o planejamento adequado aliado ao treinamento específico, não apenas visando ao rendimento máximo do atleta, como também buscar, na medida do possível, a sua integridade estrutural e psicológica.

As referências científicas relacionadas à incidência de lesões de ombro em nadadores e a possível melhora por exercícios são escassas na literatura. São necessários mais estudos a fim de aportar melhor todos os envolvidos na área do rendimento esportivo, uma vez que as lesões podem diminuir o rendimento esportivo ou afastar o atleta do esporte.

PARTE QUARTA

TREINAMENTO DE MUSCULAÇÃO PARA NADADORES NÃO PROFISSIONAIS

Nessa seção, a abordagem estará focada no treinamento de força complementar para praticantes de natação não atletas, especificamente na prescrição e nos benefícios.

4.1. BENEFÍCIOS DA MUSCULAÇÃO PARA PRATICANTES DE NATAÇÃO EM ACADEMIAS

Tem-se observado um grande aumento da prática de musculação em academias com a proposta da melhoria da saúde, reabilitação, tratamento de doenças crônicas não transmissíveis (hipertensão, diabetes, colesterol e problemas do coração) e condicionamento físico para uma determinada modalidade esportiva.

Com a introdução do exercício físico na vida diária das pessoas, sendo, em muitos casos, após prescrição médica para tratamento de doenças, este público começa a se exercitar por meio de algumas atividades que podem proporcionar maior sensação de conforto e bem-estar. Com isso, essas modalidades esportivas começam a ser levadas mais a sério e encaradas como forma competitiva não profissional, ou seja, os praticantes pagam para competir, pela satisfação de estar competindo.

Com o número de pessoas obesas crescendo mundialmente, profissionais da saúde, principalmente os educadores físicos, recebem em seu ambiente de trabalho pessoas que procuram o exercício físico para conquistar seu objetivo, ou seja, o emagrecimento. A partir disso, encontramos, na maioria das vezes, profissionais encaminhando tal público para atividades aeróbias prolongadas, o que pode comprometer a saúde osteoarticular, devido à falta de condicionamento muscular para absorver certa parte dos impactos da atividade. Isso acontece pelo fato de a pessoa obesa, na maioria das vezes, apresentar um histórico de sedentarismo na maior parte de sua vida, tendo como umas das consequências o comprometimento das articulações, principalmente de joelhos, devido à fragilidade muscular para sustentar o peso corporal. Portanto, na elaboração de um programa de treinamento para esse público, a inclusão da musculação pode ser importante para formar uma base muscular e articular para o treinamento aeróbio.

O desenvolvimento muscular ou a simples prevenção da diminuição da massa magra pode, de alguma maneira, melhorar as condições para a prática do esporte escolhido.

Segundo BALSAMO e SIMÃO (2005), o envelhecimento pode determinar a limitação da *performance* durante o exercício físico, reduzindo a capacidade de tolerância em varias situações de grande demanda, devido à diminuição da força muscular. Estudos mostram que estímulos produzidos por meio do treinamento de força para idosos contribuem para a prevenção da sarcopenia (HAKKINEN *et al.*; 1999; KRAEMER *et al.*, 1999, citado por SOUZA JR., 2005), e, consequentemente, a não diminuição da quantidade e intensidade do treinamento devido à manutenção da perda de massa muscular, sendo este um processo normal do envelhecimento. Vale ressaltar que a principal modalidade de treinamento para prevenção e reversão do processo de sarcopenia é o treinamento resistido (musculação). Com isso, o treinamento de força tem a capacidade de proporcionar melhor rendimento e menores chances de desenvolvimento de lesões.

Outro benefício observado em decorrência da prática crônica da musculação é o fato de colaborar na prevenção ou tratamento da osteoporose. A osteoporose é um distúrbio osteometabólico caracterizado pela diminuição da densidade mineral óssea (DMO), levando a um aumento da fragilidade esquelética (BALSAMO e SIMÃO, 2005).

Estudos como os de RADETTI *et al.* (1992), BELLEW *et al.* (2006) e DERMAN *et al.* (2008) concluem que a natação não é o melhor exercício para a prevenção ou manutenção da DMO. Com esta afirmação podemos concluir que a natação é um ótimo exercício físico para promover saúde e qualidade de vida, mas não é completo. Se conciliado com a musculação, promoverá maiores benefícios relacionados à prevenção ou tratamento da osteoporose e outras doenças.

Muitos estudos mostram que o treinamento de força bem planejado oferece melhor suporte para a realização dos gestos esportivos. Quando este suporte não é bem estruturado, há uma diminuição dos resultados na manifestação das capacidades físicas que auxiliam no movimento.

Esse desempenho diminuído pode ser devido ao maior gasto energético para determinada tarefa esportiva. Isso acontece pela maior sobrecarga sofrida pelo músculo específico para uma mesma intensidade.

Esse maior gasto de energia, devido a um maior recrutamento de unidades motoras, contribui também para uma maior geração de calor, com consequente desidratação, influenciando ainda mais no aumento da fadiga muscular. Com uma musculatura forte e uma boa hidratação, podemos promover uma otimização das capacidades funcionais e morfológicas e, consequentemente, uma economia de energia.

Podendo suportar uma sobrecarga maior e, além de melhorar o desempenho, os músculos contribuem para a diminuição do risco de lesões.

Existem algumas particularidades para o trabalho de fortalecimento muscular para a otimização da *performance*, como, por exemplo, a modalidade esportiva praticada.

Quanto maior a distância da competição, maior será a ênfase em treinamentos de musculação com maior numero de repetições e menor intervalo de recuperação entre as séries. Essa ideia é mais utilizada em períodos específicos de uma periodização para esportes de maiores distâncias. Em outras fases do treinamento, o caminho pode ser inverso, ou seja, menor número de repetições com maior recuperação entre as séries, com variações de intensidade (carga), e velocidade de movimento. Com essa ideia o aluno atleta treinará todas as capacidades físicas importantes para um bom desempenho.

Exercícios de *core training* são também de muita importância para este público, por isso, se prescritos de forma adequada, poderão proporcionar todos os benefícios oferecidos neste tipo de treinamento.

Podemos concluir que o treinamento de musculação (treinamento de força) é importante para o desenvolvimento de qualquer que seja a atividade. Esta atividade pode ser uma simples tarefa do cotidiano, como transportar compras do supermercado até a residência, ou uma prova de *ironman*, lembrando que, se não respeitar os princípios do treinamento de força, os efeitos podem ser negativos.

4.2. PERIODIZAÇÃO PARA ATLETAS NÃO PROFISSIONAIS

A periodização para esse público deve respeitar algumas particularidades como idade, trabalho ou tarefas do dia a dia que ocupam tempo e acabam trazendo estresse para o indivíduo.

Como já abordamos esse assunto, sabemos que todos os tipos de periodização são importantes, mas cada uma delas tem suas restrições e benefícios, dependendo do objetivo.

Um tipo de planejamento que pode ser muito bem utilizado e com êxito é a *Periodização Não Linear Flexível* proposta por KRAEMER e FLECK (2009).

Este modelo consiste em alterações nas variáveis importantes do treinamento como o volume e a intensidade no decorrer do tempo, permitindo que as variáveis do treinamento se ajustem aos estresses físicos e psicológicos do atleta.

Uma avaliação física é feita para verificação do nível de capacidade do atleta não profissional para realizar aquela metodologia na sessão de treinamento proposto. Essa avaliação pode ser de salto vertical, carga máxima, entre outras, sendo os exercícios escolhidos de acordo com o trabalho proposto naquela sessão de treinamento, como, por exemplo, teste de salto vertical para saber se o atleta tem condições de fazer um trabalho com saltos. A resposta é negativa se no teste a altura for muito comprometida.

Outro modelo é a *periodização em "X"*, modelo de periodização desenvolvido para treinamento de um atleta não profissional de uma academia da cidade de Santos/SP. Esta é uma junção/adaptação de modelos de periodização já existentes e muito utilizados no mundo do esporte que também pode ser utilizado em vários esportes.

Esse modelo foi elaborado para um planejamento de, no máximo, 2 picos de *performance* no ano. Essa ideia surgiu pelo fato de o atleta não necessitar competir em alto nível durante toda a temporada, por não ser profissional.

A ideia principal deste modelo é dar ênfase à preparação de força colocando-a como metodologia primária, ou seja, treinamento de força antes da natação. Os treinamentos de musculação e natação foram realizados como forma estrutural para maiores cargas que seriam impostas na fase específica.

Mesmo treinando essas duas atividades de forma estrutural, a musculação foi treinada com mais volume e maior quantidade de energia disponível para a realização deste treinamento, tendo como consequências possíveis melhoras na força muscular.

Ao se estruturar adequadamente, o treinamento de musculação (treinamento de força), na fase específica, começa a ser treinado como forma de manutenção, de acordo com aproximação do período competitivo. Esta manutenção começa antes do período ideal, ou seja, "treinada de forma primária" devido à hipótese de o atleta que fez esta periodização não suportar um volume maior de treinamento. Sabemos que algumas capacidades físicas, como força rápida, devem ter um tempo maior de treinamento para sua realização sem prejuízos como lesões sérias, lembrando que estes atletas, em sua maioria, são trabalhadores e levam o esporte como forma de lazer. O atleta que realizou esse modelo de periodização tinha apenas dois anos de prática destas modalidades, não sendo como forma de competição.

ÁGUA	MUSCULAÇÃO	D/S	
TESTES	**TESTES**	02.06	JANEIRO
ADAPTAÇÃO	RML	09.13	JANEIRO
AERÓBIO I	HIPERTROFIA	16.20	JANEIRO
AERÓBIO I	HIPERTROFIA	23.27	JANEIRO
TÉCNICA	HIPERTROFIA	05.09	FEVEREIRO
Técnica/Início específico	HIPERTROFIA	12.16	FEVEREIRO
Testes/Início específico	**FORÇA/TESTES**	19.23	FEVEREIRO
Força/ritmo/rege/força	FORÇA	26.02	FEVEREIRO
Ritmo/rege/força/ritmo	FORÇA	05.06	MARÇO
Rege/força/ritmo/rege	FORÇA	12.16	MARÇO
Força/ritmo/rege/força	FORÇA	19.23	MARÇO
Ritmo/rege/força/ritmo	FORÇA	26.30	MARÇO
MUSCULAÇÃO	**ÁGUA**	**X**	
F. ráp./M. força/R. força/F. ráp.	Rege/força/ritmo/regen.	02.06	ABRIL
M. força/R. força/F. ráp./M. força	Força/ritmo/rege/força	09.13	ABRIL
R. força/F. ráp./M. força/R. força	Ritmo/rege/força/ritmo	16.20	ABRIL
F. ráp./M. força/R. força/F. ráp.	Rege/força/ritmo/rege	23.27	ABRIL
M. força/R. força/F. ráp./M. força	Força/ritmo/rege/força	30.04	MAIO
R. força/F. ráp./M. força/R. força	Ritmo/rege/força/ritmo	07.11	MAIO
POLIMENTO/TESTES	**POLIMENTO/TESTES**	14.18	MAIO
COMPETIÇÃO		21.25	MAIO
2º Per./Treinamento Secundário	1º Per./Treinamento Primário		

Figura 21: Periodização em "X"

CONSIDERAÇÕES FINAIS

A força muscular é fundamental para o desempenho esportivo e pode ser potencializada com a colaboração de diversas formas de treinamento.

O conteúdo foi elaborado por meio de embasamento teórico, contudo, também com muita vivência prática, o que é imprescindível para o esporte. Como diz meu amigo Dilmar Pinto Guedes Jr., "não adianta apenas ter calos na ponta dos dedos de tanto ler, deve-se também ter calos na palma das mãos de tanto treinar".

Portanto, leia, porém aplique, pois somente a experiência prática oferecerá segurança para desempenhar sua função com excelência.

REFERÊNCIAS BIBLIOGRÁFICAS

ANDERSON, K.; BEHM, D. G. The Impact of Instability Resistance Training on Balance and Stability. *Sports Medicine*. 35(1): 43-53, 2005.

BACURAU, R. F. *Nutrição e Suplementação Esportiva*. 5ª ed. São Paulo: Phorte Editora, 2007.

BALSAMO, S.; SIMÃO, R. *Treinamento de Força para Osteoporose, Fibromialgia, Diabetes Tipo 2, Artrite Reumatoide e Envelhecimento*. São Paulo: Phorte Editora, 2005.

BARBANTI, V. J. *Treinamento Físico: bases científicas*. 2ª ed. São Paulo: CLR Baliero, 1988.

BARBOSA, A. C.; ANDRIES JUNIOR, O. Efeito do Treinamento de Força no Desempenho da Natação. *Rev. Bras. Educ. Fís. Esp.* São Paulo, v. 20, nº 2, p. 141-50, abr./jun. 2006.

BARR, K. P.; GRIGGS, M.; CADBY, T. Lumbar Stabilization: Core Concepts and Current Literature, part 1. *Am. J. Phys. Med. Rehabil.*, 84: 473-480. 2005.

BEHM, D. G.; ANDERSON, K. G.; CURNEW, S. Muscle Force and Neuro-muscular Activation Under Stable and Unstable Conditions. *Journal Strength Cond. Res.*, 16: 416-422. 2002.

BELLEW J. W.; GEHRIG, L.. *Comparison of Bone Mineral Density in Adolescent Female Swimmers, Soccer Players, and Weight Lifters*. 18(1): 19-22, 2006.

BOCALINI, D. S.; ANDRADE, R. M. P.; UEZU, P. T.; SANTOS, R. N.; NAKAMOTO, F. P. O treinamento pliométrico melhora o desempenho da saída de bloco de nadadores. *Revista Brasileira de Educação Física, Esporte, Lazer e Dança*, v. 2, n° 1, p. 1-8, mar. 2007.

BOMPA, T. O. *Periodização. Teoria e Metodologia do Treinamento*. 4ª ed. São Paulo: Phorte, 2002.

BOMPA, T. O.; CORNACCHIA, L. J. *Treinamento de Força Consciente*. São Paulo: Phorte, 2000.

BOSCO, C.; CARDINALE, M.; TSARPELA, O.; COLLI, R.; TIHANYI, J.; VON DUVILLARD, S. P.; VIRU, A. The influence of whole body vibration on jumping performance. *Biology of Sports*, v. 15 n° 3, 1998.

BOSCO, C.; COLLI, R.; INTROINI, E.; CARDINALE, M.; TSARPELA, O.; MADELLA, A.; TIHANYI, J.; VIRU, A. Adaptive responses of human skeletal muscle to vibration exposure. *Blackwell Science Ltd. Clinical Physiology*, 19, 2, 183-187, 1999.

CAPUTO, F.; OLIVEIRA, M. F. M.; DENADAI, S. B.; GRECO, C. C. Fatores intrínsecos do custo energético da locomoção durante a natação. *Rev. Bras. Med. Esporte*, v. 12, n° 6, nov/dez, 2006.

CARVALHO, C.; CARVALHO, A. Não se deve identificar força explosiva com potência muscular, ainda que existam algumas relações entre ambas. *Rev. Port. Cien. Desp.*, maio 2006, v. 6, n° 2, p. 241-248.

CAVAGNA, G. A. Storage and utilization of elastic energy in skeletal muscle. *Exercise Sports Science Review*, 15: 89-129, 1997.

CAVALLO, R. J.; SPEER, K. P. Shoulder instability and impingement in throwing athletes. *Med. Sci. Sports Exerc.* 30: p. 18-25, 1998.

CHIMERA, N. J.; SWANIK, K. A.; SWANIK, C. B.; STRAUB, S. J. Effects of plyometric training on muscle-activation strategies and performance in female athletes. *Journal of Athletic Training.* 39(1): 24-31, 2004.

COCHRANE, D J, STANNARD S R. Acute whole body vibration training increases vertical jump and flexibility performance in elite female field hockey players. *Br. J. Sports Med.*, 2005; 39: 860-865.

COHEN, M.; ABDALLA, R. J. *et al.* Incidência de dor no ombro em nadadores brasileiros de elite. *Rev. Bras. Ortop.*, v. 33 (12). p. 930-932, 1998.

CURL, L. A.; WARREN, R. F. *Glenohumeral Joint Stability: Selective Cutting Studies on the Static Capsular Restrains.* Clin. Orthop. Relat. Res., New York, n° 330, p. 54-65, 1996.

DANTAS, E. H. M. *A Prática da Preparação Física.* 5ª ed. Rio de Janeiro: SHAPE, 2003.

DELECLUSE, C.; ROELANTS, M.; VERSCHUEREN, S. Strength increase after whole-body vibration compared with resistance training. *Med. Sci. Sports Exerc.*, 2003; 35: 1033-41.

D'ELIA, L. Treinamento Funcional. *Informe Phorte.* 11(24), 2008. Disponível através do *site* <http://www.phorte.com/informephorte/materias. php?in_id=28&mat_id=84>. Acesso em 15/01/2009.

DERMAN, O.; CINEMRE, A.; KANBUR, N.; DOGAN, M.; KILIC, M.; KARADUMAN, E. *Effect of Swimming on Bone Metabolism in Adolescents.* 50(2): 149-54, 2008, Mar-Apr.

DESLANDES, R.; GAIN, H.; HERVÉ, J. M.; HIGNET, R. Princípios de Fortalecimiento Muscular: Aplicaciones en el Desportista. *In*: SIMONNET, J. *Kinesioterapia. Medicina Física.* Paris: Elsevier, p. 1-10, 2003.

DOGGENSK, V.; SANTOS, M. G. *Efeito da suplementação de creatina na performance e em algumas variáveis bioquímicas e metabólicas em nadadores do sexo masculino*. Dissertação apresentada Universidade Federal do Paraná, setor de Ciências Biológicas, para obtenção do Mestrado, 2007.

EJNISMAN, B *et al.* Lesões musculoesqueléticas no ombro do atleta: mecanismo de lesão, diagnóstico e retorno à prática esportiva. *Rev. Bras. Orto.*, v. 36 (10), p. 389-393, 2001.

FARIES, M. D.; GREENWOOD, M. Core Training: stabilizing the confusion. *Strength and Conditioning Journal*. 29(2): 10-25, 2007.

FLECK, S. J.; KRAEMER, W. J. *Fundamentos do Treinamento de Força Muscular*. 3ª ed. Porto Alegre: Artmed, 2006.

FORD, H. T.; PUCKETT, J. R.; DRUMMOND, J. P. P.; SAWYER, K. Effects of three combinations of plyometric and weight training programs on selected physical fitness test items. *Perceptual and Motor Skills*. 10:83-100, 1983.

FOSS, M.L.; KETEYIAN, S. J. *Fox: Bases Fisiológicas do Exercício e do Esporte*. 6 ed. Rio de Janeiro: Guanabara Koogan, 2000.

GUEDES JR., D. P. *Saiba tudo sobre Musculação*. Coleção Corpo & Saúde. Rio de Janeiro: Shape, 2007.

GUEDES, D. P.; PESSOA, T. S. JR., ROCHA, A. C. *Treinamento Personalizado em Musculação*. São Paulo: Phorte, 2008.

HILLBOM, M. *Plyometric Training Rewiew of Research*. Wayne State University, 2001. Disponível em <www.wayne.edu>.

HODGES, P. W.; RICHARDSON, C. A. Delayed postural contraction of transversus abdominis in low back pain associated with movement of the lower limb. *Journal of Spinal Disorders & Techniques*. 11(1): 46-56, 1998.

HUBERT, M.; FREITAS, E. S.; SILVEIRA, G. A.; ARAÚJO, L. G.; ROESLER, H. *Correlação entre a Altura da Impulsão Vertical, e Variáveis Biomecânicas na Saída do Nado Crawl*. XII Congresso Brasileiro de Biomecânica, 2007.

HUMPHRIESE, B.; WARMAN. G.; PURTON, J. L. A.; DOYLE, L. A. T.; DUGANS, E. The Influence of Vibration on Muscle Activation and Rate of Force Development During Maximal Isometric Contractions. *Journal of Sports Science and Medicine* (2004) 3, 16-22.

ITOI, E. *et al*. Dynamic anterior stabilizers of the shoulder with the arm in abduction. *J. Bone Joint Surg.*, Rochester, v. 76 – B, n° 5, p. 834-836, 1994.

KOMI, P. V. Physiological and biomechanical correlates of muscle function effects of muscle structural and stretch-shortening cycle on force and speed. *Exercise and Sports Science Review*, 12:81-12, 1984.

KOMI, P. V. Biomechanics and Neuromuscular Performance. *Medicine Science Sports Exercises*. 16(1): 26-28. 1984.

KORNEKI, S.; ZSCHORLICH, V. The Nature of the Stabilizing Functions of Skeletal Muscle. *Journal Biomechanics*. 27: 215-225. 1994.

KRAEMER, W. J.; FLECK, S. J. *Otimizando o Treinamento de Força: programas de periodização não-linear*. Barueri: Manole, 2009

KRAEMER, W. J.; HÄKKINEN, K. *Treinamento de Força para o Esporte*. Porto Alegre: Artmed, 2004.

KUTZ, M. R. Theorical and Pratical Issues for Plyometric Training. NCAS *Performance Training Journal*, 2(2): 10-12, 2003.

LEES, A.; VANRENTERQHEM, J.; DE CLERCQ, D. The maximal and submaximal vertical jump: implications for strength and conditioning. *Journal of Strength and Conditioning Research*. Vol: 18(4): 787-791, nov. 2004.

LEETUN, D. T.; IRELAND, M. L.; WILSON, J. T.; BALLANTYNE, B. T.; DAVIS, I. M. Core Stability Measures as Risk Factors for Lower Extremity Injury in Athletes. *Medicine & Science in Sports & Exercise*. 36(6): 926-934, 2004.

LEPORACE, G.; METSAVAHT, L.; SPOSITO, M. M. M. Importância do treinamento da propriocepção e do controle motor na reabilitação após lesões musculoesqueléticas. *Acta Fisiatra*, v. 16 (3), p. 126-131, 2009.

MACINTOSH, B. R.; WILLIS, J. C. Force-frequency relationship and potentiation in mammalian skeletal muscle. *Journal Applied Physiology*, Washington, v. 88, p. 2088-2096, 2000.

MAIOR, A. S.; MORAES, E. R.; SANTOS, T. M.; SIMÃO, R. Análise da força muscular em indivíduos treinados na plataforma de instabilidade. *Revista Brasileira de Ciência e Movimento*. 14(2): 41-48, 2006.

MANSOLDO, A. C.; NOBRE, D. P. A. Avaliação postural em nadadores federados praticantes do nado borboleta nas provas de 100 e 200 metros. *O Mundo da Saúde*. São Paulo. 31(4): 511-520, 2007.

MANSOLDO, A. C.; SILVA, C. G. S. A importância da posição hidrodinâmica. *Portal da Educação Física*, 2006. Disponível através do *site* <http://www.educacaofisica.com.br/impressao.asp?status=1&tipo=coluna&id=60>. Acesso em 17/12/2008.

MARSHALL, P. W. M.; MURPHY, B. A. Core Stability Exercises on and off a swiss ball. *Arch. Phys. Med. Rehabil.* 86:242-249, 2005.

MARSHALL, P. W. M.; MURPHY B. A. Increased Deltoid and Abdominal Muscle Activity During Swiss Ball Bench Press. *Journal of Strength and Conditioning Research*, 20(4), 745-750. 2006.

MARTIN, D. Das Kombinationstraining im Schuler-und Jugendbereich – Systematisierung dês Trainingprozesses. *Leistungssport*, 7 (1977), 493-498.

MAYER, D. G.; FORD, K. R.; PALUMBO, J. P.; HEWETT, T. E. Neuromuscular Training Improves Performance and Lower-Extremity Biomechanics in Female Athletes. *Journal of Strength and Conditioning Research*, 19(1), 51-60. 2005.

McARDLE, W. D.; KATCH, F. I.; KATCH, V. L. *Fisiologia do Exercício: Energia, Nutrição e Desempenho Humano*. 4ª ed. Rio de Janeiro: Guanabara Koogan, 1998.

MELLO, D. N.; SILVA, A. S., JOSÉ, F. R. Lesões Musculoesqueléticas em atletas competidores de natação. *Fisioterapia em Movimento*. V. 20(1), p. 123-127, 2007.

MENDES, R. R. *Efeitos da suplementação de creatina em nadadores: uma comparação de desempenho entre atletas de elite e amadores, e de composição corporal entre protocolos de suplementação aguda e crônica*. Tese apresentada a USP para obtenção do título de Doutor "Faculdade de Ciências Farmacêuticas". São Paulo, 2006.

MESÓN, J.; RAMOS, O. M. La fuerza explosiva de membros inferiores em los jogadores de hockey. *Revista Digital Buenos Ayres*, 7(43, 2001.

MICHAELIS. *Moderno Dicionário da Língua Portuguesa*. Melhoramentos, 2009.

MONTEIRO, A. G.; EVANGELISTA, A. L. *Treinamento Funcional: uma Abordagem Prática*. São Paulo: Phorte, 2009.

MOURA, N. A. Recomendações básicas para seleção de altura de queda no treinamento pliométrico. *Boletim IAAF*, Centro Regional de Desenvolvimento, Santa Fé, Argentina, nº 12, 1994.

NAVARRO, V. F. *Treinamento Muscular Fora d'Água*. *Site*: <www.webswimming.tripod.com>.

NORWOOD, J. T.; ANDERSON, G. S.; GAETZ, M. B.; TWIST, P. W. Electromyographic activity of the trunk stabilizers during stable and unstable bench press. *Journal of Strength and Conditional Research*. 21(2): 343-7, 2007.

OLIVEIRA, A. L. B.; SEQUEIROS, J. L. S.; DANTAS, E. H. M. Estudo comparativo entre o modelo de periodização clássica de Matveev e o modelo de periodização por blocos de Verkhoshanski. *Fitness & Performance Journal*. v. 4, n° 6, p. 341-347, 358-362, 2005.

PEREIRA, B.; SOUZA JR., T. P. S. *Dimensões Biológicas do Treinamento Físico*. São Paulo: Phorte, 2002.

PESSOA FILHO, D. M.; MONTEIRO, H. L. Respostas da força muscular e da mecânica de nado a dois regimes de treinamentos com peso e sua influência sobre a velocidade no *crawl*. *Revista Brasileira de Biomecânica*. Ano 9, n° 16, maio 2008.

PINNO, R. C.; GONZÁLEZ, J. F. A Musculação e o Desenvolvimento da Potência Muscular nos Esportes Coletivos de Invasão: Uma Revisão Bibliográfica da Literatura Brasileira. *R. da Educação Física/UEM*. Maringá, v. 16, n° 2, p. 203-211, 2. 2005.

PITANGA, F. J. G. *Testes, Medidas e Avaliação em Educação Física e Esportes*. 4ª Ed., São Paulo: Phorte, 2005.

PLATONOV, V. *Treinamento Desportivo para Nadadores de Alto Nível*. 1ª ed. São Paulo: Phorte, 2005.

POWERS, S. K.; HOWLEY, E. T. *Fisiologia do Exercício: Teoria e Aplicação ao Condicionamento e ao Desempenho*. 5ª ed. Barueri: Manole, 2005.

RADETTI, G.; FRIZZERA, S.; CASTELLAN, C.; MENGARDA, G. *Bone Density in Swimmers*. 14(5): 521-2, 1992 Sep-Oct.

RENKAWITZ, T.; BOLUKI, D.; GRIFKA, J. The association of low back pain, neuromuscular imbalance, and trunk extension strength in athletes. *Spine J*. 6(6): 673-83, 2006.

REVISTA VIRTUAL EF ARTIGOS. Natal-RN, v. 3, n° 23. Abril, 2006. Nelson Kautzner Marques Junior.

ROBERT, S.; WEINBERG, G. D. *Fundamentos de Psicologia del Esporte y el Ejercicio Físico*. Barcelona: Editora Ariel, 1995.

RODACKI, A. L. F.; BIENTINEZ, R. M.; CRUZ, E. A.; MACHADO, A.; SANTOS, A.; PEREIRA, E.; SILVA, F. E. G.; RIBAS, G. O número de saltos verticais realizados durante partidas de voleibol como indicador da prescrição do treinamento. *Revista Treinamento Desportivo*. v. 2, n° 1, p. 32-38, 1997.

RODACKI, A. L. F.; COELHO, R. W.; CAMPOS, W. Análise comparativa entre diferentes metodologias empregadas no treinamento da capacidade de salto. *Synopsis*. v. 5, s.n., p. 7, 1994.

ROSSI, L. P.; BRANDALIZE, M. Pliometria Aplicada à Reabilitação de Atletas. *Rev. Salus*. Guarapuava, v. 1 (1), p. 77-85, 2007.

RUTHERFORD, O. M.; JONES. D. A. The Role of Learning and Coordination in Strength training. *Eur. J. Appl. Physiol*. 55:100-105. 1996.

SCHMIDTBLEICHER, D. Training for power events. *In*: KOMI [Edit.]. *Strength and Power in Sport*. Oxford: Ed. Blackwell Scientific Publications, p. 383, 391-393, 1992.

SCIBEK, J. S.; GUSKIEWICZ, W. E.; MAYS, P S.; DAVIS, J. M. The Effects of Core Stabilization Training on Functional Performance in Swimming. 2001.

SCOTT, E. R.; KEVIN. M.; GUSKIEWICZT, Y. B. Single-leg Jump-Landing Stabilization Times in Subjects Whith Functionally Unstable Ankles. *Journal of Athletic Training*. 40(4): 298-304, 2005.

SOUZA, M. Z. *Reabilitação do Complexo do Ombro*. São Paulo: Manole; 2001.

TEIXEIRA, C. V. L. S.; GUEDES JR., D. P. *Musculação: Desenvolvimento Corporal Global*. São Paulo: Phorte, 2009.

THOMPSON, C. J.; COBB, K. M., BLACKWELL, J. Functional Training Improves Club Head Speed and Functional Fitness in Older Golfers. *Journal of Strength and Conditioning Research*, 21(1), 131-137, 2007.

VERSCHEREN, S. M.; ROELANTS, M.; DELECLUSE, C.; SWINNEN, S.; VANDERSCHUEREN, D.; BOONEN, S. Effect of 6 month whole body vibration training on hip density, muscle strength, and postural control in postmenopausal women: a randomized controlled pilot study. *J. Bone Miner. Res.* 2004; 19: 352-9.

VITAL, R.; SILVA, H. G. P. V.; SOUSA, R. P. A.; NASCIMENTO, R. B.; ROCHA, E. A.; MIRANDA, H. F.; KNACKFUSS, M. I.; FERNANDES FILHO, J. Lesões traumato-ortopédicas nos atletas paraolímpicos. *Revista Brasileira de Medicina do Esporte*. 13(3): 165-8, 2007.

WEINECK, J. *Biologia do Esporte*. São Paulo: Manole, 2000.

WEINECK, J. *Treinamento Ideal*. 9ª ed. Barueri: Manole, 2003.

WHITING, W. C.; ZERNICKE, R. F. *Biomecânica Funcional das Lesões Esqueléticas*. 2ª ed. Rio de Janeiro: Guanabara Koogan, 2009.

WILK, K. E.; ARRIGO, C. A.; ANDREWS, J. R. Current Concepts: The stabilizing Structures of the glenohumeral joint. *J. Orthop. Sports Phys. Ther.* V. 25 (6), p. 364-379, 1997.

YAGGIE, J. A.; CAMPBELL, B. M. Effects of Balance Training on Selected Skills. *Journal of Strength and Conditioning Association*, 20(2), 422-428. 2006.

ZATSIORSKY, V. M.; KRAEMER, W. J. *Ciência e Prática do Treinamento de Força*. 2ª ed. São Paulo: Phorte, 2008.

ZAZULAK, B.; CHOLEWICKI, J.; REEVES, N. P. Neuromuscular control of trunk stability: clinical implications for sports injury prevention. *Journal of the American Academy of Orthopaedic Surgeons*. 16(9): 497-505, 2008.